JN116451

仁のこころを論語に聴く

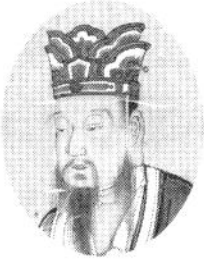

恒遠俊輔

弦書房

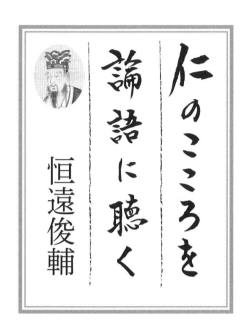

〈カバー表絵〉孔子像（蔵春園蔵、八六・〇×三〇・〇）

一八二四年（文政七）儒者恒遠醒窓によって豊前国に開設された私塾「蔵春園」（福岡県指定史跡）の講堂の中央に掲げられていた。江戸時代の作。画の作者は不明だが、賛は筑前の儒者亀井南冥の書で「祖述堯舜、憲章文武、上律天時、下襲水土」とある。豊前市指定文化財。

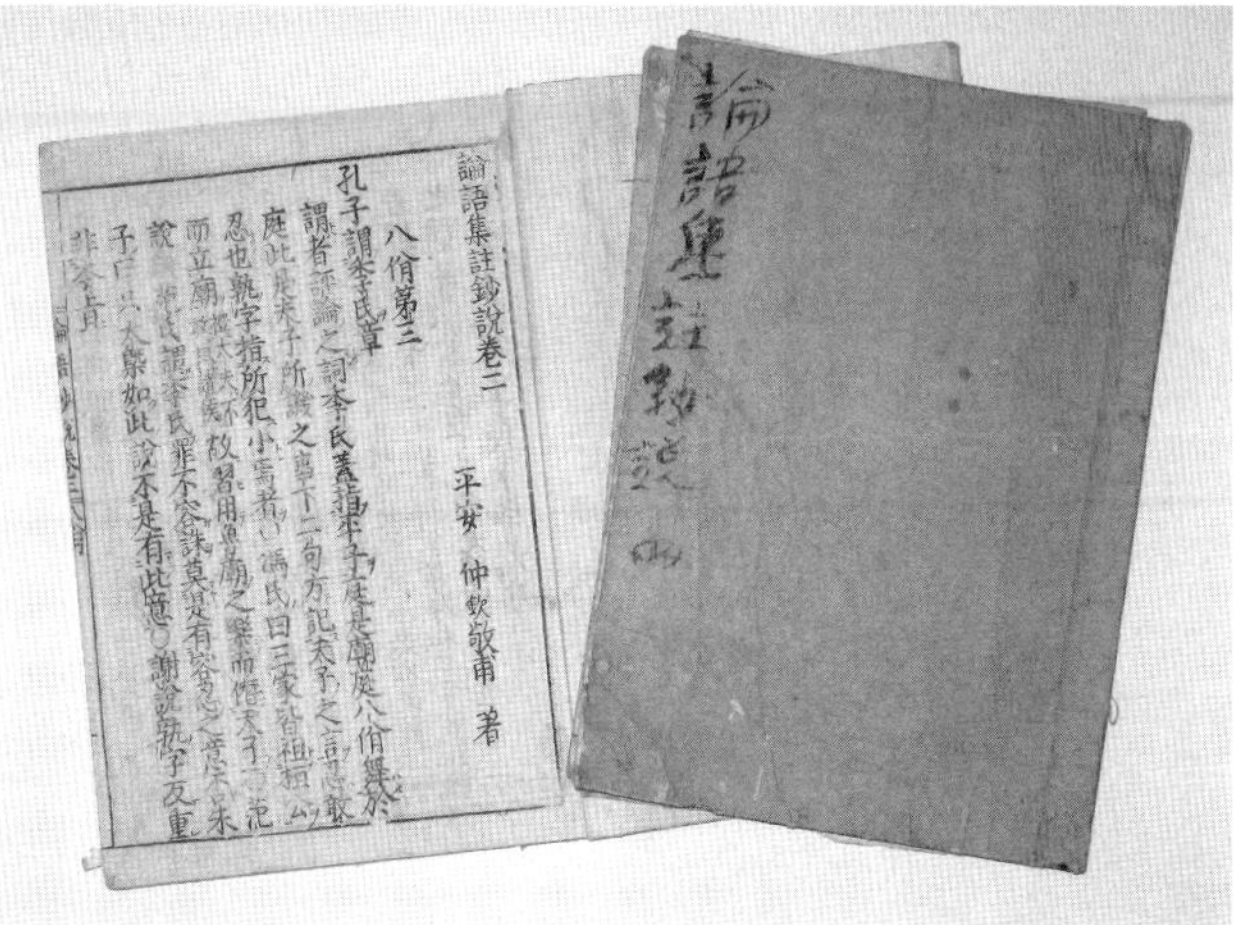

幕末の私塾「蔵春園」で使用された『論語』の教科書

1824年（文政7)、儒者・恒遠醒窓によって、豊前国上毛郡に私塾「蔵春園」が開設されたが、そこで教科書として使われた『論語』の解説書である。

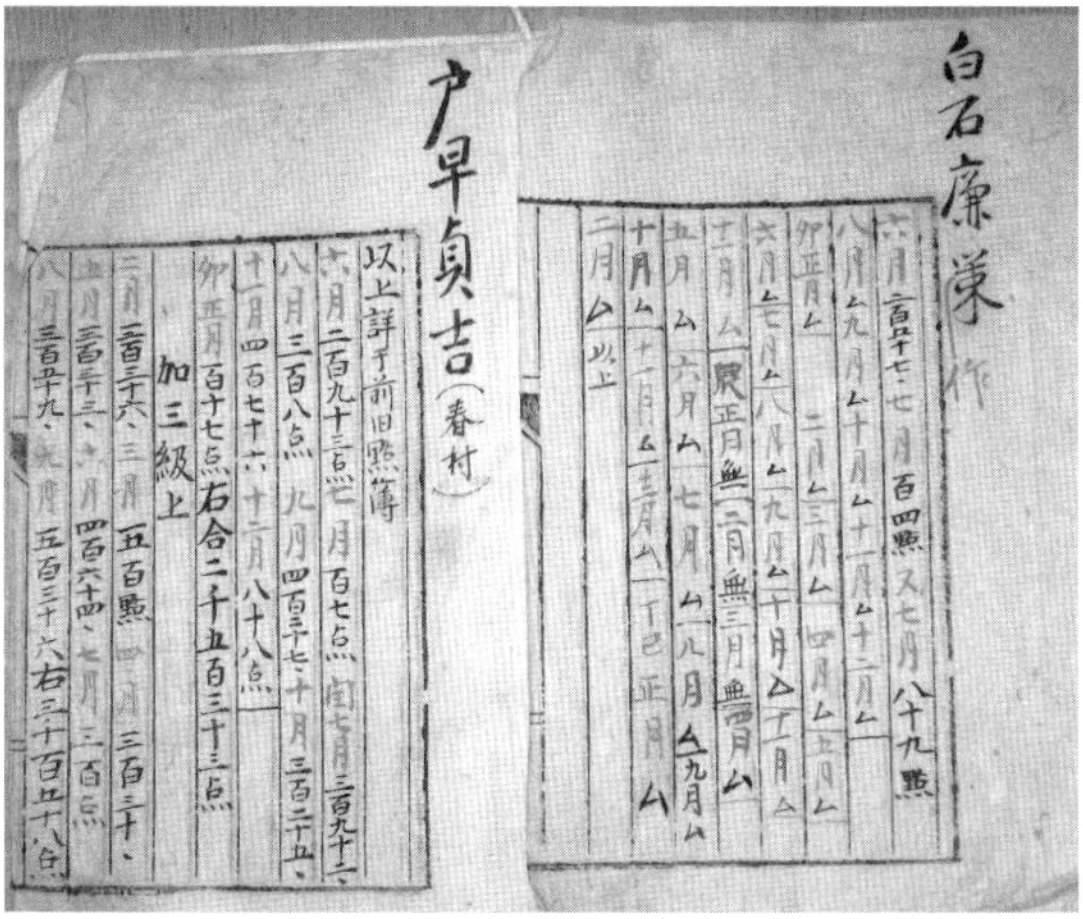

門人たちの採点簿

蔵春園では、「月旦評」と呼ばれて、毎月初めに成績評価が行われ、進級するかどうかが決められた。

採点簿中の白石廉作は下関の出身。蔵春園で学んだ後、高杉晋作率いる奇兵隊に参加し、1863年、同志と共に但馬国生野で討幕の兵を挙げたが、敗北、自刃するにいたった。

儒者・恒遠醒窓（1803 ～ 1861）
　16 歳の時、廣瀬淡窓が主宰する日田の私塾「咸宜園」に学び、さらに長崎に遊学した後、21 歳で故郷豊前国上毛郡薬師寺村に帰り、私塾「蔵春園」を開設、多くの若者たちを育てた。

幕末の私塾「蔵春園」跡（福岡県指定史跡）

目次

Ⅲ　民信無くば立たず

はじめに

慢性腎不全、人工透析という厄介な病を抱え、家に籠って悶々とした日々を送っていた私は、ホンの思いつきから、近くの公民館を借り、知人たちに呼びかけて「論語教室」を開いてみることにした。二〇一五年春のことだったから、あれからもう五年以上が経過したことになる。

毎月一回の教室には、二十名前後の人たちが集い、まず「子曰く……」と大きな声で何度か『論語』の素読を繰り返す。その後、私が俄か勉強で仕入れたいささか頼りない知識をもとにして、それを解釈、加えて、『論語』に記されていることを現代におきかえて、社会のありようや我々自身の生き方の問題を一緒に考えることにしている。自己満足に違いあるまいが、結構楽しいひとときである。

教室には、小学校以来の友である大工の棟梁がいる。求菩提山伏の末裔夫妻がいる。中学校の教師がいる。史跡ガイドボランティアや森林セラピーの案内人がいる。老人福祉施設で働く女性もやってくる。また主婦たちも顔をそろえる。そして、妻が参加者にお茶とお菓子をふるまい、倅が受付を担当するのである。できれば家にいてゆっくりくつろいでいたいはずの土曜日の夜に、わざわざ足を運んで私に付き合ってくれる皆さんに、まずは深く感謝をしなければなるまい。

「何故に今どき論語なのか」といぶかる人もいる。確かに『論語』は今から約二五〇〇年前という大昔の時代を生きた儒教の祖・孔子の言行録であり、そんなカビ臭いものが今更何の役に立つのかという疑問である。しかし、さにあらずだ。その内容は決して古めかしいものなどではなく、どうしてどうして今に到るもなかなかに新鮮で、そこから現代を生きる我々が学ぶことはあまりにも多いと言わなければならない。しかも、日本が縄文時代から弥生時代に移行して、漸く水田稲作が始まろうとする時に、中国では既にこのような文化が花開いていたことにも改めて驚かされるのである。

さて、「銀座寺子屋」など各地で「こども論語塾」を主宰している安岡定子さんは、次のように記している。

「『論語』は、美しい言葉と知恵の宝庫です。日本人は昔から、素読といって、先生が声高らかに読まれる通りに、こどもも声を出して読み上げました。意味はまだよくわからない点があったとしても、くり返し読んでいくうちに、だんだんと、その言葉のすばらしさに、引きつけられていったものです。……そのどれをとってみても、だれの心にもひびく内容が融かしこまれています。……声に出して読んでみてください。そして気に入ったものがあったら、その中のいくつかを暗唱してみてください。そこには、父母・祖父母・兄弟・姉妹たちとの、至福の場がうまれるかも知れません……『論語』を読んでいる人には、目に見えない、素敵な贈り物が届くような気がします。でもそれは、いつ、どんな形で届くのか、誰にもわかりません。『論語』の言葉は、普段は人の心の奥底に眠っていて、いざという時に姿を現します。そしてその人の支えとなり、助けとなり、喜びや幸せを倍増してくれたりします。『論語』とは、そんな不思議な魅力に満ちた書物です」と。

また、歴史学者の貝塚茂樹さんは、満六歳の頃から父親のいいつけで毎日夕食後に、離れに住んでいた祖父のもとに通い、『論語』の素読をやらされたという。白い顎鬚をはやした祖父の前におそるおそる座って、本を広げると、祖父は机の向こうから字つき棒で一つひとつ字をおさえながら『論語』を独特の節をつけて読んでみせた。そして、彼も祖父に続けて声をはりあげて「子曰く……」と繰り返すのである。そのことについて、彼はこう述べている。

「考えてみると、『素読』というのはずいぶん不思議な教育方法である。外国語の本である『論語』などを、漢字に送り仮名をつけて返り読みした、『訓読』（読み下し）と称する読み方でまる暗記する。外国語の訳としては不完全だが、孔子のことばのリズムが、なんとなく日本語にうつしかえられ、幼い子どもの耳にこころよくひびいたのであろう。六十歳をすぎた今でも、記憶に残っていて、折にふれて思い出しては、深く新しい意味を見いだすようになるのである」と。

ちなみに、貝塚さんの実弟で物理学者の湯川秀樹さんも、いつだったか同様のことを語っていた。つまり、安岡さんも貝塚さんもそして湯川さんも、そのいずれもが、「素読」という学習方法の魅力を説いているのである。

我々は、明日からこんな人間に生まれ変わりたいと思ってみても、ただちに思い通りの変身ができるわけではないが、おそらく声に出して繰り返し読んで覚えた『論語』は、いつしか脳のどこか深い処にインプットされ、その人の生き方、考え方に多大な影響を及ぼすことになると言いたいのであろう。さすれば、素読は脳のトレーニングと倫理観を潜在的に植えつける最良の学習方法というべきかも知れない。

古来、「言霊《ことだま》思想」とか「言霊信仰」とか言われるものがある。『万葉集』に収められた山上憶良の和歌に「志貴島の日本《やまと》の国は事霊の佑《さき》はふ国ぞ福《さき》くありとぞ」とあり、日本は言霊の力によって幸せがもたらされる国だと詠んでいる。それは、万物に神が宿る、それゆえ言葉にも神が宿るのだとするアニミズムの発想によるものであろうが、確かに私も言葉というものには何かしら不思議な力があるように感じている。むろん、良い言葉を発したら良い事が起こり、不吉な言葉を発すると凶事が起こるというほどに言霊なるものを信じているわけではないが、声に出した言葉が、己の生き方をも含めて現実の事象に何らかの影響を与えることを期待しつつ、今一度「論語教室」の仲間たちと共に声に出して『論語』を読み、孔子からの現代人へのメッセージを受け止めてみたいと思うのである。

Ⅰ　学ぶこと

学ぶことの歓び

1

子《し》曰《いわ》く、学《まな》びて時《とき》にこれを習《なら》う、亦《ま》た説《よろこ》ばしからずや。朋《とも》有り、遠方より来る、亦た楽しからずや。人知れずして慍《うら》みず、亦た君子ならずやと。

子曰、学而時習之、亦不説乎、有朋自遠方来、不亦楽乎、人不知而不慍、不亦君子乎。

—学而篇—

これは、『論語』の冒頭にでてくるお馴染みのことばであるが、その解釈は、貝塚茂樹さんのそれが私にはいちばんぴったりくる。

彼は『論語—現代に生きる中国の知恵—』（講談社現代新書）の中で、次のように記している。

「まず『学問の楽しさ、それは先生から学んだことをときどき復習してみる。そしておさらいするたびに、なにか新しい意味を発見することだ』と、孔子はいいます。つぎに、学問はひとりで本を読んで楽しんでいてはひとりよがりになるおそれがある。同好の友だちとたがいに自分の意見を話し、論じ合ってみて、はじめてほんとうの進歩ができるものであります。孔子は、『遠方から友だちがやってきて、学問のことをたがいに論じ合う、それはひとりで復習しているのと比べて、いちだんと楽しいことではないか』といいます。最後に『こういう学問をやっていることは、それだけで楽しいので、自分の学問を、人に自慢したり、人に名を知られたいためにしているのではないから、べつに、社会にちっとも知られないとしても、不満はすこしもない。それで平気だという心境になれる人が、君子、つまりほんとうの学者、ほんとうの人間、といえるのではなかろうか』と申しました」と。

2 子曰く、之《これ》を知る者は、之を好む者に如《し》かず。之を好む者は、之を楽しむ者に如かず。

子曰、知之者不如好之者、好之者不如楽之者。

―雍也篇―

あることを知っているだけの人よりも、それを好きになった人の方がすぐれている。それを好きになった人よりも、それを楽しむことができる人の方がもっと優れている。学問も「知る、好きになる、楽しむ」の三拍子がそろったなら、どんなにか素晴しいことだろう。

【いつでも、どこでも、だれでも】

私は、まさにここに学びの原点があるように思う。わけても、「人知れずして慍みず」というところに注目をしたい。

私の「論語教室」にやってくる人たちは、誰一人して『論語』を学んで「他人に認められたい」とか「有名になりたい」とか、今更そんなことを願っている者はいない。学びたいから参加するのであり、学ぶことそのものが楽しいのだと思う。

かつて学校では、「ここは試験に出すからしっかり頭に叩き込んでおけ」「そんなことでは進級はおぼつかないぞ」などと脅されながら様々な知識を注入されてきたが、学校教育を離れて、自らの意志で、自らの生き方をも振り返りながら学んでみると、そこには新たな歓びがあり、自分の中で人間らしさが今少し膨らんでゆくような気がするのである。

むろん、それは『論語』に限らない。論語学習の合間に、時折、漢詩を鑑賞することもある。教室には詩吟を得意としている人もいて、時に彼の吟詠に参加者全員しばし聞き惚れてしまうこともある。

私は中国唐時代の詩人・杜甫の作品を好んで紹介する。彼が五十三歳の作品にこんな詩がある。

遅日　江山麗し　　暮れるのが遅い春の日は川も山も美しく
春風　花草香ばし　　春風が吹いて草花の良い香りが漂う
泥融けて　燕子飛び　　泥は溶けて、ツバメが飛び
沙暖かにして　鴛鴦睡る　　砂は温かくオシドリが眠っている

また、特に題はないが、次のような絶句もある。

江碧にして鳥愈々白く　　川は深緑に輝き、鳥の白さが一層引き立つ
山青くして花燃えんと欲す　　山の青さに映えて花は燃えるように赤い

今春みすみす又過ぐ　　今年の春もみるみるうち過ぎてしまった
何れの日にか是帰年ならん　いつになったら故郷に戻れる時が来るのか

杜甫の詩には、戦乱の世を憂い、家族を愛し、病気や貧困にさいなまれたわが身の嘆きを歌ったものや、兵役や重税に苦しむ民衆の気持ちを訴える詩があり、さらには人間が自然という大生命の一部であることを自覚し、その自然への穏やかな想いを詠んだものもあって、私はなぜかそこにみる誠実そうな彼の人柄に魅かれるのである。

また、鴨長明の『方丈記』の一節を一緒に読んでみたりもする。

「ゆく河の流れは絶えずして、しかも、もとの水にあらず。淀みに浮かぶうたかたは、かつ消えかつ結びて、久しくとどまりたる例なし。世の中にある人と栖と、またかくのごとし……」

これを声に出して読むと、そこに貫かれている無常観、人の世のむなしさ、はかなさが自分の人生とも重なってグッと胸に迫ってくるのだ。学校の国語の授業では決して味わうことのなかった感覚である。また、物質的豊かさのみを追い求める経済至上主義の現代社会にあって、一丈四方（畳四畳半）の粗末な庵に閑居し、安静を得たという鴨長明の生きざまにもある種憧れに似たものを抱いたりする。

論語教室では、さらに、山口県仙崎出身の童謡詩人・金子みすゞの作品を読むこともある。というのは、いとも平易なことばで、まるで飾り気なく綴られた彼女の詩の中に、孔子のいう「仁」のこころに通じるものを感じるからである。

「こだまでしょうか」という彼女の詩がある。

「遊ぼう」っていうと
「遊ぼう」っていう。
「馬鹿」っていうと
「馬鹿」っていう。
「もう遊ばない」っていうと
「遊ばない」っていう。
そうして、あとで
さみしくなって、
「ごめんね」っていうと
「ごめんね」っていう。

こだまでしょうか、
いいえ、誰でも。

金子みすゞは、日本の童謡の隆盛期、大正時代の終わり頃、彗星の如く登場し、詩人の西条八十から「童謡詩人の巨星」と称賛された人である。二十六歳という若さで自ら命を絶ってしまうのだが、《みすゞ探し》を続けていた矢崎節夫（詩人）さんの手で、彼女手書きの童謡集が発見され、五〇〇を超える作品が『金子みすゞ全集』として一九八四年（昭和五十九）に刊行されて、今に伝えられている。

矢崎さんは、「みすゞコスモス、みすゞさんのこころの宇宙の共通のまなざしは、『こだまでしょうか』という作品です。こだまとは、《丸ごと受け入れる》ことです。……ころんで、『痛い』といった時、両親は『痛いね』と、私の痛さを丸ごと受け入れてくれて、返してくれました。こだまは、『ヤッホー』といったら、『ヤッホー』と半分の大きさになって返ってくるわけですから、『痛いね』と返してくれた時、私の痛さは半分になることができたのです。おじさんやおばさんはもっと上手に、『痛いね、痛いね、かわいそうだね』と何度も、何度も繰り返してくれたあとに、やっと、『痛いの、痛いの、飛んでいけ』という呪文や『がまんしようね』という励ましのことばをかけてくれたので、私の痛みは完全に消えることができました」という。つまり、子どもが転んで「痛い」といったとき、大人たちはこだますることをしないで、一方的にそれを否定して「痛くない」と言ったり、一方的に励まして「我慢しろ」などと叱りつけていないかと彼は問いかけるのである。そして、もし痛さを否定し、励ますだけで、一度もこだますることがなければ、痛さはいつまでも消えることなく、「生のまま、こころの中の辛さやさみしさや痛さという器」に押し込められてしまうというのだ。その器が一杯になれば、それを一度ひっくり返して、空っぽにするほかはない、そうした時、子どもたちはもしかしてまちがった路を歩んでいってしまうことになるのかも知れない。

矢崎さんは、つづけてこうも記している、

「私が子どもだった頃、大人という人たちは、人の喜びを自分のことのように喜べる人たちでした。人の悲しみを自分のことのように悲しめる人たちでした。今、私たちは自分は自分、他人は他人と分離してしまいました。だから、みすゞさんは、今、甦ったといってもいいでしょう」と。

はてさて、こうして、我々は、歳を重ねてなお学びの場をもち、そこに歓びを見出し、新たな感動を覚えるのである。先頃しきりに「生涯学習社会」という言葉が使われるが、これぞまさしく生涯学習なのだと言えるだろう。年齢などには関係なく「いつでも」「誰でも」、また学校に限らず「何処でも」、学びの場が設けられることが望まれるところである。

ひところ、文部科学省みずからが「ゆとり教育」なるものを提唱したことがあった。まもなく児童生徒の学力低下を理由に見直されることになってしまって何とも残念であるが、その「ゆとり教育」には、当時まだまともな文部官僚がいて、学校の授業時数を減らすことによってゆとりの時間をつくり、子どもたちに学校だけでなく、それ以外の色んな処でも色んなことを学んでほしいという願いを込めていたのではあるまいか。

いや、それだけではない。今や不登校の子どもたちは、全国で十二万人いると言われている。そして、これまで、親や教師をはじめとする大人たちは、何としてでも彼ら不登校の子どもらを学校に戻さなければならないと考えてきた。それが子どもたちの為に良いことなのだと信じて疑わなかったのだ。しかし、ことは思い通りには運ばず、次第にフリースクールや夜間中学などといった学びの場を認めようとする柔軟な姿勢がみられるようになってきている。つまり、「ゆとり教育」とか「生涯学習」という主張は、所謂「学校中心主義」からの脱却をも意味しているのだと思う。

学校教育は、今、弱肉強食の市場競争にさらされていて、多くの子どもたちがそれに馴染むことができずに、そこから落ちこぼれていくのである。そんな子供たちに様々な学びの場を用意し、学ぶ力を身につけさせ、自分自身で学びながら、それを生きる力にかえてゆく、それが未来に備えるということであり、人生をより豊かなものにすることに繫がってゆくことになるのだろう。

そういえば、若い頃に読んだものの中に、映画評論などを手がけていた佐藤忠男さんが著した『いかに学ぶべきか』（大和出版）という本があった。そのなかで、まず彼は「自分はたいへん勉強好きな人間である」と言う。しかし、「学歴なんかどうでもいい」、「そんなこととは関係なしに、各自、自分が学びたいことを発見し、それについて自由にどしどし学んで行く」ことが大切だと語っている。また、「知識というものは、学校に独占的にあればいいというものではない。学校よりもむしろ、みんながもっと利用しやすいところにあるべきだ」とも述べ、学びの場が、我々の周りには無数にあることを指摘して見せている。つまり、彼にとっては、鉄道講習所が、電電公社の職場が、その労働組合が、はたまた貸本屋や映画館が恰好の学習の場になったのである。

勿論、今となっては子どもたちにとって学校教育が不可欠であることは言うまでもない。学校教育制度など一度ぶっ壊してみてはどうかと提案してみたい気もしないではないが、ここではやめにしておこう。ただ、学校の中に囲い込みさえすれば、それだけで子どもは立派に育つというわけにはゆかない。それは幻想である。子どもたちは様々な場所で様々に学んで大きく育ってゆくものだ。むろんジグザグな道程かも知れない、だが、それでもいいではないか。そして、もしかしたら今の学校は子どもたちの可能性を摘み取ってしまっているかも知れないのである。

学校教育はいまや病んでいる、それもかなり重症だと感じる。それゆえそこにはおのずから限界があり、学校への過剰な期待はやめにした方がいいと思う。

ふりかえるということ

3 曾子《そうし》曰く、吾、日に吾が身を三省す。人の為に謀《はか》りて忠ならざるか。朋友《ほうゆう》と交《まじ》わりて信ならざるか。習《なら》わざるを伝えしか。

曾子曰、吾日三省吾身、為人謀而不忠乎、與朋友交不信乎、傳不習乎。

―学而篇―

曾子は、孔子より四十六歳若い弟子である。孔子の思想をよく理解し実践して、その後継者と言われた人物だという。

これは、その曾子の言葉である。

彼は、日に三回、自己反省をするというのだ（毎日三つのことを反省するとの解釈もある）。

人の相談相手になって真心を尽くしていなかったのではないか、友人とつきあって嘘をつかなかっただろうか、自分がまだ十分に理解していないことを人に伝えたり教えてしまったりしなかっただろうか、と自問自答するのであった。

【出発点としての自己否定】

江戸時代の儒者・伊藤仁斎は、曾子の反省する事柄がすべて他人との関係であることに注目したいと述べている。

確かに、人が一人で生きられない以上、他人に対する自分のかかわり方をふりかえってみることは肝要であり、仁斎の指摘は的を射たものと言えよう。

『論語』には、「人の己を知らざるを患えず、人を知らざるを患う」（学而篇）という孔子の言葉もあり、彼が、自分のことではなく他人に関心を向け、他人のことに心を配るという生き方を求めていたことがわかる。

また、孔子は「老者はこれを安んじ、朋友はこれを信じ、少者はこれを懐《なつ》けん」（公冶長）として、老人には安心を与え、友人とは信頼し合い、若者には慕われる、そんな生き方をしたいと述べ、誰とでもわけ隔てのない良い人間関係を築くことの大切さを説いている。ただ、人は、たえず他者と関わる社会性や公共心だけを心にとめているわけではない。それと離れたところで、自己それ自身にとらわれ、一人ひきこもってくよくよ思い悩むこともある。このことについて、いたずらに自己を意識し、そこに拘泥するのは、心に病がある証拠だとか、個性尊重、自分探しの旅などというものは戦後教育の弊害だとかいう人もいるが、人の自己反省の中身はいろいろである。

他者とのかかわりで悩むことあれば、おのれ自身にこだわって悩むこともあり、誰がどう言おうと、それはそれで致し方のないことではあるまいか。まずは「お前の敵はお前だ」という自己否定を出発点に据えてこそ、その後の自己変革もあろうというものだ。とにもかくにも悩んでこそ人間なのである。

岡本太郎さんは、その著書『私の現代芸術』の中で、「人間は木に登りそこなった猿である」と言っている。木の上で暮らしてさえいれば、豊富な果実にも恵まれ、敵に襲われて命を脅かされることもなく、安楽に生きながらえることができたであろうに、不器用にして木に登り損なったが故に、周りの動物たちとの激しい競争の中に身をおくことになり、苦悩の日々を送らざるをえなくなったというのだ。だが同時に、岡本太郎さんは、「人間は木に登らないことを決意した猿でもある」と書いている。かくして、人はあえて苦難の道を歩み、思い悩み、そして、しばしばわが身を振り返ってみることになるのである。

【みかえり阿弥陀に学ぶ】

京都を旅した折、幾度か「永観堂」（禅林寺）を訪ねた。それは、銀閣寺を出発し、琵琶湖疏水べりの「哲学の道」を歩いて一キロメートルほどのところにある。盗賊石川五右衛門が山門から「絶景かな絶景かな」と満開の桜をめでたという、あの南禅寺の少し手前に位置している。

平安時代の初めごろ、空海の高弟の真紹《しんじょう》によって真言密教の道場として創建され、鎌倉期に入って浄土宗の寺院になったという。

境内のもみじは実に見事で、とりわけ秋には華やかな彩りに包まれるが、その景観の素晴しさもさることながら、私は本尊の阿弥陀如来に会いたくなって、しばしばここを訪れるのである。

本堂に安置された尊像は、左肩越しに振り返った姿の阿弥陀如来立像で、人は親しみを込めてこれを「みかえり阿弥陀」と呼ぶ。像高七十七センチメートルの木彫仏、十二世紀・平安末期の作といわれる。

もともと東大寺の法蔵に秘蔵されていたというが、禅林寺中興の祖・永観律師が、東大寺別当職を辞する折、この尊像を背負って京に入り、護持・供養することになったとされている。

ある時、その永観が堂内で一日に六万遍も「南無阿弥陀仏」を称えながら、阿弥陀如来像の周りをまわり続けるという厳しい念仏修行をしていた。すると突然、須弥壇に安置されていた阿弥陀仏が降りてきて、永観の先に立って、彼を導くかのように歩きはじめた。永観が驚きのあまりその場に呆然と立ちすくんでいると、前を行く阿弥陀仏は振りかえって、「永観、遅し」と優しく声をかけたという。永観は感激の涙を流して両の手を合わせたが、爾来、その阿弥陀如来像は振り返ったままになったと伝えられている。

今も正面に座して見えてくるのは阿弥陀仏の横顔であるが、右へまわると、厨子の側面が開けられていて、そこからは、ほほ笑みをたたえた尊顔を拝することができる。何とやさしい微笑であろうか。

では、何故に阿弥陀如来は振り返るのか。

それは「自分より遅れる者たちを待つ姿勢」であり、「自分自身の位置を省みる姿勢」だという。また、「他に愛や情けをかける姿勢」「思いやり深く周囲を見つめる姿勢」、さらに「衆生と共に正しく前へ進むためのリーダーの把握の振り向き」だとも言われている。真正面から人々の心を受け止めるだけでなく、なお正面にまわることのできない人々の心をも案じて、振り向かずにはいられない仏の心を表しているのだ。

その前に立つたびに、温かく思いやりに満ちた心に触れる思いがして、ホッと心が和む。そして、自らもまた、振り返る謙虚さ、振り返る優しさを持っていたものだと思う。

真に学ぶということ

4

子夏《しか》曰く、賢《けん》を賢として色に易《か》え、父母に事《つか》えて能《よ》く其の力を竭《つく》し、君に事えて能く其の身を致し、朋友《ほうゆう》と交わるに言いて信あらば、未だ学ばずと曰《い》うと雖《いえど》も、吾れは必ず、これを学びたりと謂《い》わん。

子夏曰、賢賢易色、事父母能竭其力、事君能致其身、與朋友交、言而有信、雖曰學、吾必謂之學矣。

—学而篇—

子夏は、孔子より四十四歳年下の弟子で、曾子と同様、年少の秀才だったとされている。その子夏が言う、「人は美人を好むように賢人を尊敬しなければならない」と。では、賢人とはどんな人なのかといえば、「父母に対しては全力を尽くして孝行をし、君主には身命を賭して仕え、友だちとは親友として誠実に交わる、そんな人間だ」と考える。そして、これがちゃんとできる人は、たとえ世間からまだまだ勉強が足りないなどと軽蔑されたとしても、自分はそうは思わない。こんな人こそ真に学問ができる人、つまり賢人なのだと主張するのである。いちばん大切なのは「実践」ということなのであろう。

5 子、子夏に謂《い》いて曰く、女《なんじ》、君子の儒《じゅ》と為《な》れ。小人《しょうじん》の儒と為ること無かれ。

子謂子夏曰、女為君子儒、毋為小人儒。

―雍也篇―

孔子が弟子の子夏に言った言葉である。「人格の立派な学者になりなさい。人格の劣った学者になってはいけない」と。

人は、自分がどんな人間になりたいのか、どんな生き方をしたいのか、理想を以て学ぶべきだというのであろう。ただいたずらに知識を詰め込むのではなく、思いやりの心を忘れずに、広く物事を考えて行動する人間になりたいものである。

6　子曰く、古《いにしえ》の学ぶ者は己の為にし、今の学ぶ者は人の為にす。

子曰、古之學者為己、今之學者為人

―憲問篇―

昔の学生は、自分が人間的に成長するために学んだが、現代の学生は、人に知られようとして学んでいる、と孔子は感じたのである。

人は、何の為に学ぶのか、他人のためではなく、自分の為に学ぶのである。

7　子曰く、吾嘗《かつ》て終日食わず、終夜寝《い》ねず、以て思う。益なし。学ぶに如《し》かざるなり。

子曰、吾嘗終日不食、終夜不寝、以思無益、不如學也

―衛霊公篇―

孔子が、ある時、一日中食事もせず、一晩中寝ることもしないで考え続けたことがあった。しかながら、それは無駄であった。ひとりで考え込んでいるよりも、人に学ぶことの方が大事であることが分かった、というのだ。

【もの知りであることと賢いということ】

わが国では、明治期に入って学校教育制度が確立され、やがて義務教育が保障されることになり、今日では「高学歴社会」と呼ばれる時代を迎えている。そして、それは教育の機会均等という点で一定の役割を果たしてきた。しかし、その学校教育制度の下で、人が人としての在り方、生き方を真に学んでいるのかというと、必ずしもそうとばかりは言えないような気がする。世はまさしく「学歴偏重」社会である。学んだ中身よりも学歴が一人歩きをする。その人が学校で何を学んだかを問うより、どこの高校、どこの大学の出身なのか、どのようなコースをたどってきたのかを問題視するのだ。

そもそも「もの知りである」ということと「賢い」ということとは違う。

ところが、本来「賢い」人間を育てるべき学校が、今や単なる「もの知り」を再生産してゆく場と化してしまっているのである。そして、およそ人生観や世界観と結びつかないところで身に着けた知識が、国や地方の政治や経済そして文化を結局のところ歪めてしまう結果になっているのではあるまいか。

ここでなまなましい時事問題について深く論じようとは思わないが、もの知りであること世渡りの上手さでその地位を得た「キャリア官僚」と呼ばれる人たちは、「全体の奉仕者であり一部の奉仕者ではない」という日本国憲法の規定などかなぐり捨てて、時の政権におもねり、保身に終始するのである。

先頃、国有地の民間への払い下げや大学の獣医学部新設、自衛隊の海外派遣等々の問題にかかわって行われた公文書の隠蔽や改ざん、更に廃棄などはその最たるものであろう。まさに歴史を書き換えることにもつながる脱法行為をやってのけたのである。彼らは学校で何を何のために学んだのであろうか。公文書改ざんという不正を強要されたが故に自死にまで追い込まれた所謂ノンキャリアの財務官僚がいたが、彼らにとってはその心の痛み、悩み苦しみなど何処吹く風なのであろうか。

経済界とて同様である。経済成長至上主義である。儲かりさえすればいい、儲けるためには何でもするといった経済行為が、「グローバリズム」といわれるほどに地球的規模でまかり通っている。

明治の実業家で、第一国立銀行頭取を務めたり、地方銀行、ガス、保険、鉄道など多くの企業の創設に関わった渋沢栄一は、その著書『論語と算盤』の中で「右手に論語、左手に算盤」と言い、モラルの欠落した経済は「恥」である、経済活動においては利益ばかりを追求するのではなく、得た富は社会に還元すべきだと説いている。そして、彼は孤児院や養老院などをつくった。しかし、今や儲けたおカネで豪邸に暮らし、高級外車を乗り回し、自家用ジェット機も手に入れて、時に宇宙旅行を計画したりもし、その一方で従業員を自死に追いやるほど酷使して、心は貧しくともモノが豊かな己の人生をのみ謳歌しているブラックな経済人があまたいるという現実がある。

我ら貧乏人のひがみではないが、「金持ちになった」ということそのものにそれほど価値があるわけでもあるまい。儲けたおカネをどのように使うのか、どう地域社会に還元してゆくのかが問われるところである。

ところで、この子夏のことばの中に出てくる「父母に事《つか》えて能くその力を竭《つ》くし、君に事えて能くその身を致し……」を、戦前戦中の道徳教育の中でことさらに強調された「忠孝一致」「忠君愛国」「滅私奉公」と結びつけて考えようとする人たちがいる。ある人は、これをもって儒教道徳を素晴しいと賛美し、ある人は、逆に、だから儒教は古めかしくてダメなのだと批判する。いずれにしても、孔子とその弟子たちがどのような時代情況の下で発言しているのか、また我々自身がどのようなスタンスで『論語』にアプローチしようとしているのかが問われるところであろう。そして、かく言う私は、「君に事えて能くその身を致し」を、為政者が徳治政治を行うということを前提として、その下で国民のために一生懸命官吏としての職務を果たそうという程度の言葉だと理解している。また、孔子やその弟子たちの主張をただちに「忠君愛国」や「滅私奉公」と結びつけようとは思わない。そこにはちょっと無理があると考えている。

というのは、『論語』の「泰伯篇」の中で、孔子が次のように語ったりもしているからである。「篤く信じて学を好み、死にいたるまで守りて道を善くす。危邦には入らず、乱邦には居らず、天下道あるときは則ちあらわれ、道なきときは則ち隠る。邦に道あるとき、貧しく且つ賤しきは恥なり。邦に道なきとき、富み且つ貴きは恥なり」と。

つまり、孔子は、かたい信念をもって学問にいそしみ、死ぬまで人として道を守り通そうとした。危機に瀕した国には入国せず、内乱のある国家には長く滞在しない。天下に道義が行われている時には、政治の表舞台にたって活動するが、道義が失われた乱世にあっては、官職を退いて隠遁するというのだ。そして、その言葉通り、孔子は五十五歳の時、生まれ故郷の魯国を棄てて、弟子たちと共に十四年間にもおよぶ放浪生活に入ったのである。その理由は、徳治政治を求めてもそれを実現しようとはせず、腐敗堕落してゆく魯国の政治家たちへの失望であったという。

いうまでもなく、それは、無謀な侵略戦争に人々を駆り立て、「天皇陛下万歳」と叫んで御国の為に死んでゆくことを是とし美とした、そんなかつての日本の「軍国主義者」の価値観とはそもそも次元を異にしていると言えよう。

無知の知

8 子曰く、由《ゆう》よ、汝《なんじ》に之《これ》を知ることを誨《おし》えんか。之を知れるを之を知ると為《な》し、知らざるを知らずと為《な》す。これ知るなり。

子曰、由誨汝知之乎、知之爲知之、不知爲不知、是知也。

―為政篇―

孔子が、自分より九歳年下の弟子の子路（由）に対して言った言葉である。

「知るということは一体どういうことなのかを教えてあげよう。自分が知っていることは他人に知っていると言っても構わない、しかし、知らないことは、知らないと答えなければいけない。つまり、自分はどこまで知っていて、どこから先は知らないのか、そのことがちゃんとわかっていなければ、真の意味で『何かを知っている』ということにはならないのだ」と孔子は説いたのである。

【ソクラテス哲学つまみ食い】

「知らざるを知らざると為す、これ知るなり」という言葉に出合うと、哲学の創始者とされるソクラテスのことを思い起こす。

私がまだ高校の教壇に立っていた頃、何年間か『倫理社会』の授業を担当させてもらったことがある。教科書には次々に色んな哲学者が登場するので、授業に備えての事前の教材研究は大変であったが、そのなかで、私はとりわけソクラテスに魅かれた。

ソクラテス自身には著述したものがないので、弟子のプラトンが著した『ソクラテスの弁明』などを通してその思想を学ぶことになるのだが、当時、私は生徒たちに結構熱くソクラテスについて語っていたように記憶している。そして語りながら、自分自身もそこで様々なことを教えられたような気がする。

ソクラテスは、紀元前五世紀の頃の古代ギリシャの哲学者である。『ソクラテスの弁明』によれば、あるとき、デルフォイにあるアポロンの神殿の巫女から友人を介して神託を受ける。それは「ソクラテスより知恵のある者はほかに誰もいない」というものであった。それを聞いたソクラテスは、その神託は何を言おうとしているのか、その意味を確かめるべく、知恵があると思われる人たちを誰彼となく訪ね歩いて、彼らと対話することになる。それは、「問答法」と呼ばれたが、対話を挑んだ政治家も芸術家も職人も、そのいずれもが、本人たちは自分が知恵のある人間だと思い込んでいるが、その実、何も知ってはいないことにソクラテスは気づくのである。

そこで、ソクラテスは、一人になった時、こう考えた。つまり、それまでに訪ねた人たちより自分には知恵がある。なぜなら、彼らはおそらく善美の事柄については何も知らないけれども、自分では何か知っているように思っている。しかし、自分は知らないから、その通りに知らないと思っている。だから、このチョットしたことで、自分の方が彼らより知恵があることになるらしいという結論に達したのである。これがいわゆる「無知の知」と言われるもので、それを真の知に至るための出発点として、世界の根源や本質を探究する知的営みにあって、あくまでも謙虚であろうとするソクラテスの姿勢を窺い知ることができる。

ただ、世間の独断論者たちとの論争に日々明け暮れ、彼らの無知を暴き続けたがために、ソクラテスは時のアテネの為政者をはじめとする人々から憎まれることになり、国家の神々を崇拝せず、若者を惑わす危険人物だとみなされて、紀元前三九九年、民衆裁判にかけられることになる。裁判では、無罪を主張したものの多数決で有罪とされ、死刑の判決が下されてしまう。脱獄を勧める者もいて、その機会もあったというが、彼は自ら刑に服し、毒杯をあおいでその生涯に終止符をうったのであった。

ちなみに、ソクラテスの妻クサンティッペは大変な悪妻であったと伝えられていて、哲学者ソクラテス自身が「もし君がよい妻をうるならば、君は幸せになるだろう、もし君が悪い妻をもつならば君は哲学者となるだろう」という言葉を残しているというが、果たして真実のほどは……？

では、こうしたソクラテスの生き方から我々は何を学ぶのか。

先の孔子の言葉とも重ね合せてみるとき、我々には知っていることと知らないことがある、知り得ることと知り得ないことがある。その境界にソクラテスは執着し、知の境界を徹底的に見極めようとしたのではなかったか。そして、人間は万能ではない、おのずから限界があることを悟る。しかし、限界があることを自覚しつつ、人間の分をわきまえて最大限「善く生きる」べきことを説いたのではなかったか。

考えてみれば、私一人の人生なんてそれほど大したことではないのかも知れない。ただ、大したことはないからどうでもよいというわけにはいかない。その大したことない人生を精一杯生きてみようというわけだ。

世の中には何とも腹立たしいこと、納得しがたいことが多すぎる。怒ってみても所詮ゴマメの歯ぎしりでしかない。しかし、沈黙してじっと耐えるのではなく、一人でも怒りの拳をふり上げてなにがしかの行動を起こした方がいいに決まっている。全国あちこちから同時多発的に「一人運動」を起こしたら、もしかして山が動くかも知れない。

【江戸の読書会—問答法—】

ここで、ソクラテスが行ったという「問答法」について、今少し考えてみたいと思う。それは、「魂の産婆術」とも呼ばれて、助産婦が妊婦のお産を助けるように、相手を助けて本人に思想をうみ出させる方法である。言い換えれば、問答を通して人間の徳や魂の在り方に鋭く迫るのだということもできよう。

さて、江戸時代には、市井の学者や教育者たちによって民間の教育機関として多くの私塾（家塾）がつくられた。天保以降の幕末期に開設された私塾だけでも、その数は一〇〇〇を超える。廣瀬淡窓の「咸宜園」や吉田松陰の「松下村塾」などは、その代表的なものである。おそらく、徳川幕藩体制が内外ともに行き詰まりをみせる中で、何とか現状を打破して新時代を創造したいという志に燃えた若者たちの要請に応えるかたちで、全国に私塾教育が広がりをみせることになったのであろう。

その私塾での学習のスタイルは、多くの場合、素読・輪読から始まり、続いて教師による講義がある。さらに仲間たちによる共同学習（会読・討論会）、独見会（研究発表会）、作文作詩などが、学力の進歩に応じて段階を追って行われた。素読や輪読、また講義、研究発表、作文作詩といったものの大切さもさることながら、ここでは、塾生たちの間で行われたという「会読」に注目してみたい。そこには、ソクラテスの「問答法」に通じるものがあるような気がする。

前田勉さんが著した『江戸の読書会—会読の思想史—』（平凡社）によれば、会読は、大体十人ほどがグループとなり、クジでその日の講者を決め、以前から指定されているテキストを読んで講義をする、他の者たちはその講義を聴いて疑問点を質問し、講者がそれに答えるというかたちで進められてゆくのである。全員がテキストを読んで予習をしていなければ成り立たない学習法である。また、一時を取繕うために急いで詰め込んだ薄っぺらな知識など、討論の中ですぐに看破されてしまい、まさに己の無知を晒してしまうことになるのだ。

会読は「相互のコミュニケーション性」や身分・年齢を超えた「平等性」を重視したもので、侃侃諤諤《かんかんがくがく》、活発な討論の場となった。そして、塾生たちは、そこで自分の偏見をかたくなに主張したり、他人の意見を抑圧したりするのではなく、人々は多様で、そこには色々な意見や考え方があることを学んだと言われている。

では、そこでの教師の役割は何なのか。教師は口出しをしない。どうしても答えが出ないとか、意見が対立して前へ進めないという場合に限って判定を下すのだという。

孔子は、こういっている。

「憤せずんば啓せず、悱《ひ》せずんば発せず、一隅《いちぐう》を挙げて三隅を以て反《か》えらざれば、則ち復たせざるなり」（述而篇）と。

これは、弟子たちに自分で考えて問題を解決しようという意欲がなければ教えない、自分で考えたうえで、それをどう表現すればよいのか言い悩んでいるのでなければ教えない、物事のうち一隅（一つヒント）を示せば、他の三隅を自分で考えるようでなければ教えないという意味である。つまり、人に何かを教えるということは、すべてを示してしまうということではない。弟子たちが自ら問題意識をもち、自ら学ぼうという意欲をもって初めて指導をするというのが教師としての役割だと孔子は考えていたのだろう。

『論語』の「為政篇」には、

「子曰く、学びて思わざれば則ち罔《くら》し。思って学ばざれば則ち殆《あや》うし」

という言葉もある。

これは、教わるばかりで自分の頭で考えることをしないのもダメだし、また逆に他人の意見を聞いたり知識を教わったりしないで、自分の殻に閉じこもって考えてばかりいるのもダメだということだが、会読は、他人から学び且つ自ら考えるのに最適な学習方法だったのかも知れない。

最近、一方的に知識を詰め込むばかりで、考える力、更には生きる力を育ててこなかった今日までの学校教育に対する反省から、「アクティブ・ラーニング」というカタカナ英語を用いて、子どもたちが能動的に学び、主体的に考える力を身につけられるように学校での学習指導方法を見直そうという動きがみられる。

江戸の私塾における「会読」に通じるものがあり、結構なことだと思う。

ただ、学校現場でそのアクティブ・ラーニングとやらを教師が果してちゃんと担いうるのか、教師の主体性は確立されているのかと余計な心配をしてしまう。

聞くところによれば、たとえば今、高等学校には、校長がいて、副校長がいて、教頭がいて、主幹教諭がいて、指導教諭がいて、その下にいわゆる一般の教諭たちが位置づけられているのだという。むろん、その上には、都道府県の教育委員会があり、文部科学省があるのである。

驚くべき重層構造だ。タテ社会の人間関係の中で管理体制はバッチリ、日々直接子どもたちと接している教師たちはまるでがんじがらめにされているではないか。

人は強力な管理下に置かれると、往々にして能動的でなくなり、木偶《でく》の坊と化す。上からの指示なしでは動けなくなる。無気力で、自ら考える力を失ってしまう。創造力も想像力も無くなってしまうのだ。そうなれば、とても子どもたちのアクティブ・ラーニングどころではあるまい。

学校現場がそんな事態にならなければよいがと願うばかりである。大きなお世話と言うべきか？

温故知新

9 子曰く、故《ふる》きを温《あたた》めて新しきを知る、以《もっ》て師と為《な》すべし。

子曰、温故而知新、可以爲師矣。

―為政篇―

温故知新、よく使われる言葉である。

「故きをたずねて新しきを知る」とも読むが、「煮つめてとっておいたスープを、もう一度温め直して飲むように」（貝塚茂樹）、古典を読むなどして昔のことを研究し、そこから今に生きる新たな知恵を発見することができる人であれば、人の師となることができるだろうという意味である。

言い換えれば、過去と対話せよ、歴史に学べということであろう。

【日本人の精神史の原点をさぐる】

それでは、さっそく「温故知新―その一」といってみよう。

「日本人は農耕民族である」という言い方がしばしばなされる。むろん、間違いとは言い切れないし、「米の文化」が日本文化の特色の一つであることは言うまでもないが、ただ、それは今から二千数百年前に始まったことでしかない。

紀元前二～三世紀の頃、朝鮮半島から稲作技術や青銅器・鉄器の製造技術を持った人々が大量に日本列島に渡来し、先住民を征服して、水田稲作を中心とした農耕社会を成立させ、弥生時代と呼ばれる時代に入ったのである。ちなみに、稲作は北部九州にはじまり、瀬戸内地方を経由して、畿内へと広がりをみせていったが、その稲作の技術者・普及者たちを束ねた権力の代表こそが後の「天皇家」であり、それがやがて大和王権の誕生へとつながってゆくわけである。

しかしながら、それ以前には一万年以上にわたって縄文時代が続いていた。土器や弓矢が発明され、定住化と竪穴式住居が普及し、おもに狩猟や漁労という自然採集経済のもとで人々が暮らしを営んできたのである。また、さらにさかのぼれば、日本列島には旧石器時代（無土器文化）と呼ばれた時代があり、それらのことも我々は見落としてはなるまい。

天皇制とのかかわりからすれば、稲作農耕は切っても切れないものであり、そこに日本文化の源流を求めようとするのは分らないでもないが、我々の生命は縄文人の生命にも通じている。我々の中のＤＮＡには縄文人のそれも受け継がれている。したがって、縄文文化を日本人の精神史の原点にすえてみては如何なものかと思うのである。つまり、水田稲作中心とした農耕社会に生きる弥生人の発想からではなく、山や森と共に生きた縄文人の発想から文化をとらえてみたいのだ。

縄文人と弥生人とを比較してみた時、その自然観には明らかなちがいがあるように思われる。

縄文時代の人々は、ふとしたことから生命の神秘に気づき、また、あらゆるものの中に人間と同じように懸命に生きようとする「いのち」を見出し、その命をこのうえなく尊いものと感じていたのではなかったか、彼らは、この世界で人間だけが何か特別な存在だというわけではなく、自然という大生命の一部として自分たちが生かされていることを実感して、自然と共に在ろうとしていたのではなかったか、また、自分たち人間が非力であることも自覚していたのではないか、と想像するのである。

だが、農耕文明がもたらされて以降、人々の自然に対する見方、考え方は大きく変化をとげてゆく。自然は人間によって征服し支配することが可能な「資源」として、人々の目に映りはじめるのである。ここから、環境破壊の第一歩が踏み出されるのだ。

やがて農耕社会から高度な工業化社会へ。

科学技術の進歩やそれに伴う生産手段の発展がいよいよ人間を傲慢にし、もはや人間の能力をもってすれば不可能なことなど何もないとばかりに、人々は自分たちを世界の主人公の席に座らせてしまったのである。そして、その果てにたどり着いた経済効率一辺倒の現代文明は、おカネやモノに執着し、ひたすら物質的豊かさをのみ追い求め、精神的にはいかにも貧しいものになりさがっている。

想い起こすのもおぞましいが、二〇一一年三月十一日、東日本一帯を襲った巨大地震と巨大津波は、多くの人々の生命と財産を奪ったが、その折に引き起こされた東京電力福島第一原子力発電所の爆発事故は、多くの人たちから故郷をも奪った。

「絶対安全」を豪語してきたにもかかわらず、やっぱり事故は起きてしまった。しかも、未曾有の原発事故を前に、これからその事故をどう処理し問題をどう解決してゆくのかについて、確たる道筋を示し得る者は誰もいない。世界中をさがしてみても、皆無であろう。

なのに、政府・財界は未だ経済発展のためには原発が必要だと主張してはばからない。頑固に「脱原発」へと舵をきろうとはしないのである。科学にはおのずから限界がある、人間にできることなどたかが知れている、そのことを自覚すべきなのだ。我々はもっと自然に対して謙虚であらねばならない。

今や、人間の自然に対する奢りのゆえに、地球環境の破壊はこれまで以上に深刻である。そして、二十一世紀を生き延びるために、「自然と人間との共生」が漸くにして人々の共通の課題になろうとしている。

こうしたとき、我々はぜひ遠い山や森の記憶を取り戻し、アニミズム（万物霊魂論）やパンセイズム（自然＝神）を基調とするエコロジカルな縄文人的思考に深く学ばなければならないと思う。

話は繰り返しになってしまうが、数年前、福岡市の博多座へ歌舞伎を観に出かけた。四代目市川猿之助・九代目市川中車襲名披露公演で、演目は「ヤマトタケル」である。父景行天皇の命をうけたヤマトタケルが、熊襲を討ち、さらに蝦夷をも平定して大和へ凱旋の途中、伊吹山の神との戦いで深手を負い、悲運にも命を落としてしまうという物語だ。

命尽きたヤマトタケルは、やがて白い鳥と化して昇天してゆく。早変わりあり、宙乗りありのいわゆる「スーパー歌舞伎」で、しばし迫力ある舞台を楽しませてもらった。

ただ、そんな芝居の手法もさることながら、哲学者梅原猛さんの書き下ろしになるこの作品には、彼の世界観・歴史観が盛り込まれていて、そこに少なからず心ひかれるものがあった。

子どもの頃に映画館で観た西部劇では、アメリカのフロンティア開拓がことのほか美化され、先住民のインディアンが常に悪人として描かれていた。しかし、梅原さんの場合、大陸から渡来し大和王権をつくったヤマトタケルに代表される人たちを正義、その抵抗勢力である先住民の熊襲や蝦夷を悪というふうには決してとらえてはいない。舞台からは、ヤマトの人間が米と鉄を持ち込んだことによって、それまで平和で豊かだった自分たちの文化が破壊されてしまったことへの蝦夷や熊襲の嘆きが伝わってくる。

そこには、縄文文化を単なる過去のものとしてではなく、未来の人類文化の在り方を教えるものだとする梅原さんの主張が色濃く滲んでいるように思う。つまり、農耕文明とそれに続く工業文明の成立は、人類にとって一大進歩にほかならないが、それが科学技術への盲信を生み、自然破壊の罪を宿しているがゆえに、人類は滅亡への道を突き進んでいるのではないかと彼は危惧する。そして、人類はいま一度、生きとし生けるものとの共存を目指す縄文的世界観を取り戻すべきだというのである。

まさに、そこにしか我々の生き延びる道は残されていないのかも知れない。

【未来につなげたい江戸文化】

続いて、「温故知新―その二」、江戸文化について考えてみることにする。

江戸時代とは、関ヶ原の戦い（一六〇〇年）に勝利した徳川家康が、一六〇三年に江戸に幕府を開いて以降、一八六七年に徳川慶喜が大政を奉還するまでの二六〇余年間をいう。では、それはどんな時代だったのであろうか。

我々はどちらかというと、江戸時代というものについて否定的な評価をしてしまう。第八代将軍・吉宗が、テレビドラマの『暴れん坊将軍』にみるようなそれほどの善政を行ったとは思えないし、水戸の「黄門様」が全国を行脚して、悪代官や悪徳商人を懲らしめたという事実もないであろう。ガッチリと固められた封建的身分制度の下で、武士が独占して政治権力を行使し、その権力を濫用することもしばしばであっただろう。一方、民衆は自らの意志で政治家を選ぶこともできず、高い年貢をとり立てられ、医療制度や社会保障制度もなく、辛酸をなめていたのではなかったか。また、今日のように抗生物質やワクチンがなく、幼児の死亡率も高かった。渡航禁止令があり、自由に外国を旅することもままならなかった。さらには、禁教令があったので、信教の自由は認められず、誰もがみな仏教徒のふりをしていた。このように否定的な見方を続けていけば、まだまだきりがあるまい。ただ、二六〇余年という長きにわたって大きな戦争がなく、まずまず平和のうちに人々が暮らしてきたということは、世界史的にみても稀有なことであり、そのなかで未来につなげたい素晴しい文化が育まれていったのもまた確かなことではなかろうか。

過日、大分県日田市で、江戸時代の儒者廣瀬淡窓が主宰した私塾「咸宜園」の開塾二百年を記念して、講演会やシンポジウムが開催され、私も門下生の子孫の一人ということで招待を受けた。講師は江戸時代研究の第一人者である田中優子さん（法政大学総長・社会学部教授）で、彼女は粋な和服姿で登壇し、「江戸時代の学び」について話をした。「教育」と言えば、何かしら上から押し付けているような響きがあるので、学習者自身の意志や意欲に重きをおいて、あえて「学び」という言葉を用いたのだという。

その田中優子さんの話を踏まえて、江戸期の学びについて自分なりに整理してみると、概ね次のようになる。未来につなげたい文化の一つだと言ってもいいのかも知れない。

江戸時代は義務教育制度などというものがなかったので、大人たちは意識的に民間に教育機関をつくってゆかなければならなかった。むろん、江戸には昌平坂学問所があり、各藩には藩校があったが、それらは主に武士のための教育機関でしかなかった。それゆえ、庶民の親たちは寺子屋や私塾の教師に束修料（謝礼）を渡し、礼を尽くして子どものことを頼み、自ら机を持参して、そこに入学させた。

今日では、子どもたちが黒板を背にした教師と向き合い、整然と並んだ机で勉強する「一斉授業」が当たり前であるが、それは明治時代に入って東京師範学校がアメリカ人のスコット氏を招いて一斉教授方法を導入したのがはじまりで、江戸期の寺子屋や私塾では、当時の絵を見ると、子どもたちの机はあっち向いたりこっち向いたりで、整然とは並んでいない。個々の子どもに合わせた学習カリキュラムが作られ、個別指導が基本であった。

そして、幕末に日本を訪れたペリーをはじめとする外国の人たちが識字率の高さに驚いたとの記録があるが、私塾や寺子屋での教育の質の高さが、当時の日本を世界的にも群を抜く教育先進国にしていったのであった。

なお、寺子屋や塾だけでなく学びの場は他にもたくさんあり、若者組や娘組という組織の中でも、共同体の講や祭の際にも、また大人たちと行う様々な活動のなかでも、すべてが子どもたちを育てるという機能をもっていたのである。それにひきかえ、現代では、学校教育だけが重要視され、家族や共同体が担っている社会的人間として生きてゆくための教育が消えてしまっている、江戸時代の方が現代より大人の教育力が勝っていたと言わなければならないのではないか。

さて、田中優子さんの著書に『未来のための江戸学』（小学館一〇一新書）があり、彼女はその中で「未来につなげたいこと」として三つの江戸文化を紹介している。

まずその一つは、江戸時代が、力でのし上がる戦国時代までの競争社会、拡大主義の流れを止め、秩序をもった縮小社会に向かったことだとしている。すなわち、江戸庶民の間には、「質素倹約」「もったいない」「分をわきまえる」という文化があり、人々は倹約は美徳、浪費は恥ずべきこと、経済的利益だけを追い求める行為はさもしいことだと考えていたというのである。

かつて、ケニアの環境副大臣でノーベル平和賞を受賞したワンガリーマータイ女史が、国連の会議の場で「モッタイナイ」を国際語にと呼びかけた話は有名だが、それは文字通り限りある資源を大切にしようという今日的意義をもった言葉であろう。

また、「分をわきまえる」という考え方は、しばしば身分制度を守るための差別的な用語だと受け止められるが、そうではなく、「自然に対して人間の分をわきまえる」「人間としてのけじめ」という意味に解すれば、人としてあるべき重要な姿勢だということができるだろう。

田中さんは、「起きて半畳、寝て一畳、天下取っても二合半」という言葉を引用し、人間として生きていくために際限なくむさぼる必要などない、最低限必要なものが得られればいいではないかと言う。さらに、自分の能力では、どこまでなら他人を侵さずに生きてゆけるのか、それを考えるのが「分をわきまえる」ということだとも述べている。

「すべての人の必要を満たすに足るものが世界には存在するが、誰もの貪欲を満たすに足るものは存在しない」というマハトマ・ガンジーの言葉や、そのガンジーの思想を継承したインドの活動家で僧侶のサティシュ・クマールの「もし私たちが再利用し、リサイクルし、資源を補給し、配慮と節度をもって資源を使うなら、欠乏は起こりえない」という言葉を併せて噛みしめておきたいものだ。

未来につなげたい江戸文化の二つ目は、エコロジーの認識についてである。つまり、江戸時代が、持続可能な自然利用の「循環型社会」であったということだ。紙は何度も漉きなおされて使用され、最後は燃やされて灰になり、灰は土に戻された肥料となった。江戸庶民の多くは古着屋で着物を買い求め、襟を付け替えたり、袷にしたり、綿入れにしたり、染め変えたりしながら、何度も着た。いよいよ着古してしまったら、前掛けや布団皮や袋物として再利用し、寿命が尽きればやはり灰にするのである。つまり、お伽噺の「花咲かじいさん」の撒いた灰は、やがて枯れ木に花を咲かすことになったわけだ。また、鍋や釜の類は使い捨てではなく、鋳掛屋がその修理を請け負い、蝋燭の流れは集められてもう一度蝋燭として蘇った。そして、人や動物の排泄物は、汚物というのではなく、集められて「肥やし（肥え）」つまり土を肥やすものとして活用されたのであった。

太陽が植物に光を与え、植物は鳥に果実を与え、鳥は種子を運び、種子は自らを土に与え、土は種子に命を与える。江戸時代はこうした互いに生かし合う自然の生態系の中で日々の生業がとらえられ、徹底的な循環と森林の育成が行われたのである。十七世紀末、森林の乱伐が進んで、山が貯水力を失い、水害や干害に悩まされる事態になると、幕府は樹木の伐採を禁ずる法令を出す一方、育林に努めたという。

「未来につなげたいこと」の三つ目は、江戸庶民の間にみられたボランティア精神である。ボランティアとは、自分を犠牲にして他人の為に尽くすというのではなく、「社会に何かを与える」という行為が、自分自身の生き方や価値観と一致しているから生まれるのであろう。

江戸時代の人々は、現代人に比べると、働いて賃金をもらうことばかりに熱心だったというわけではない。仕事というものは、自分のためであるばかりでなく他人のためのものでもあり、社会全体が潤うことによって、いずれまた自分に戻ってくると考えていたというのである。

江戸の商人たちは、過剰な利ざやを稼がないことで、人々の信用を得た。ただ利益を貪るのではなく、地道な継続性を重視したのである。その結果、日本は創業二百年以上の老舗が世界で最も多い国になったのだという。株価の上がり下がりに一喜一憂し、株価が上がれば企業の信用度も増すという今日の価値観とは大きく異なるところである。

このように江戸時代というものを見ていくと、それに対する我々の印象、評価は随分と変ったものになってくる。田中優子さんの言葉を借りれば、江戸の文化の中には、「自己と他者を同時に考えられる文化」「生命の関連と相互作用を感じとる文化」「貪欲と浪費より配慮と節度を重んじる価値観」が息づいていて、そこには今を生きる我々が学ぶべき知恵が潜んでいると言うことができよう。

【過去を背負って生きる】

さて、「温故知新―その三」として、やはり触れておかなければならないと考えるのが、先の戦争についての総括である。

今なお、あのアジア・太平洋戦争（第二次世界大戦）は、日本にとって「聖戦」だったと言って譲らない人たちがいる。つまり、中国・東南アジア地域での欧米の支配を排除し、日本を中心に共存・共栄の「大東亜新秩序」を打ち立てるためにやむを得ずやった戦いであり、欧米に虐げられたアジアの民衆を解放するためのものだったというわけだ。しかし、いかに強弁しようとも、もはや国際社会がそれを認めることはない。それが日本の侵略政策を正当化するための口実であったことは周知の事実であり、先の戦争に対する歴史的な評価は既に下っているのである。

日本は、一九一〇年の韓国併合条約によって朝鮮半島を植民地化し、爾来一九四五年まで、朝鮮総督府を拠点に憲兵・警察による強権的な支配を行ってきた。朝鮮人に対する皇民化政策が推し進められ、神社（朝鮮神宮）への参拝、宮城遥拝、日本語常用、さらには創氏改名（日本式氏名への改姓）などが強要された。そして、今日なお日韓両国の間で完全な解決をみていない朝鮮人労働者の日本への強制連行や従軍慰安婦の問題も、この時代に起こった不幸な出来事である。

一方、中国への侵略行為も次第にエスカレートしていき、一九三二年には傀儡政権をうちたて「満州国」建国を宣言するに至る。やがて中国での抗日運動が高まりをみせることになり、一九三七年には日中戦争に突入する。そして、ここでも大東亜共栄圏構想にいう「共存・共栄」など名ばかりで、日本軍は暴虐をきわめ、中国の人々に多大な被害を蒙らせてしまったのである。日中開戦の年の暮に起こった「南京事件」は、まさにそれを象徴するものだと言っていい。それは日本軍が南京占領直後に引き起こした略奪・暴行事件であり、死者は数万人とも三〇万人とも言われている。中国側のいう数字は大袈裟だと非難する評論家もいるが、殺人は数が少なければいいという問題では決してない。

あの戦争に勝ってさえいればこんなことにはならなかった、という人もいる。しかし、それは違うと思う。たとえ戦勝国であっても、アメリカが広島・長崎に投下した原子爆弾は、やはり非人道的だし、犯罪的だと言わなければならない。今もアメリカでは、戦争終結のためにやむを得なかったと、原爆投下を正当化する論調があるようだが、とんでもないことだと思う。

喜劇俳優チャーリー・チャプリンが映画『殺人狂時代』のラストシーンで、「人間を一人や二人殺すと殺人犯になるが、戦争で数十人数百人殺すと英雄になる」と皮肉まじりに言っている。

また、詩人の谷川俊太郎さんの詩句に「小さな戦争やむをえぬ、大きな戦争防ぐため、……一人死ぬのはやむをえぬ、千人死ぬのを防ぐため、千人死ぬのもやむをえぬ、ひとつの国を守るため」とある。

我々は戦争の持つ非人間性にあらためて想いを致さなければならない。

当時戦争を遂行した人たちにもそれなりの言い分があるであろうが、しかし、そこに過ちがあったとなれば、「ゴメンナサイ」というほかないではないか。「ゴメンナサイとアリガトウを言えない人はダメ」と子どもたちに教えてきたのは誰だったか。

ともあれ、過去は変えられない。だから、無謀にも多くの国々を敵に回して戦ってしまったあの戦争をどう総括し、そこから何を学びとるのかが問われているのである。そして、未だ中国や韓国との間に横たわっている諸問題（日本政府は解決済みとしているが）についても、相手の言い分をご無理ごもっともとすべて受け入れるということにはならないが、粘り強い外交交渉によって解決をはかるしかないであろう。いずれにしても、侵略戦争のツケは大きく、いつまでも尾を引くであろうことを覚悟しなければなるまい。

とにかく、叩いた方がいくら「痛くない」と言ってみてもことは解決しない。叩かれた方が「痛い」と言っているところに問題があるのだ。どんな国にも暗部はある。そして、いま生きている我々はそれを引き受けなければならないと思うのである。

こんな言い方をすると、お前の主張は「自虐史観」だ、お前に「愛国心」はないのかと非難されたりする。昔なら「非国民」ということになろう。しかし、日本を愛すればこそ、過ちがあればゴメンナサイと率直に反省する国であって欲しい、他国とりわけ近隣諸国から信頼される国であって欲しいと願うのだ。軽率な愛国心は、そもそも祖国に対する誇りとは違うのだ思う。

高校で同期だった親友がかつて「テレビ大阪」の社長だった頃、彼の薦めもあってテレビ大阪制作の『和風総本家』というテレビ番組をよく観るようになった。当初は、日本人独特のマナーや風習などをクイズ形式で紹介していたが、やがて日本の職人の技を取り上げることが多くなってきて、私はその凄さに驚かされ、そんな日本が好きになり、世界に誇れる国であることに改めて気づかされるのであった。そして、今更、先の戦争を「美化」してみても致し方ない、もはや言い訳は無用、どんな戦争でも二度と起こしてはならないのだと強く思うのだった。

ところで、わが国の総理大臣が、これまでに百か国以上の国々を訪問したと自慢げに語るのを耳にしたことがあるが、そんなものは大した自慢にはなるまい。なぜなら、外交上の成果を殆どあげてこなかったからである。まさか外遊が趣味だということはないであろう。北方領土返還の見通しもまるでたっていない。北朝鮮とは没交渉で、「最大限の制裁と圧力によって拉致問題の解決をはかる」と胸を張るが、没交渉を外交とは呼べない。手をこまねいて何もしなかったというに等しく、拉致被害者家族への裏切り行為だと言ってもいいだろう。また、本来親密な関係であるべき隣国の中国や韓国との関係も友好というには程遠く、手抜き外交と言われても致し方あるまい。

明治以来、アジアにあって、日本人は特別なのだという意識で隣国と付き合ってきたような気がする。そして、その結果として、互いに「同じ人間なのだ」という親しみのなかで「共に生きる」秩序を作りだせないでいるのである。かの福沢諭吉は明治期「脱亜論」を唱え、欧化政策の旗振り役を果たしたが、我が国ではアジア蔑視、西欧コンプレックスの風潮がずっと続いてきたように思う。そして、それは今も政府の外交姿勢に垣間見られる傾向ではあるまいか。

とりわけアメリカとの関係だけが重視され、首相訪米の折には、高価な戦闘機の購入を押しつけられたり、アメリカに有利な貿易協定を迫られたりして帰ってくるのがオチである。日米の首脳が互いをファースト・ネームで呼び合って親密さをアピールするが、そんなことより断乎「押し売りお断り」と言うべきだ。日本は永い間、強固な日米関係に支えられてさえいれば、国際関係はそれで十分、戦争責任も免罪されるかのごとく考えられて来た。むろん日米関係も大切であろう。しかし、近隣諸国との関係がギクシャクし続けている中で、アメリカとの関係だけが唯一重要な国際関係だとは到底言えない時代を迎えているのである。

それでは、ここで、戦後四〇年を経て行われたドイツの元大統領・ヴァイツゼッカー氏の演説中の言葉を引用して、「温故知新」の結びにしたいと思う。

「罪の有無、老幼いずれを問わず、我々全員が過去を引き受けねばなりません。……全員が過去に対する責任を負わされているのであります。……問題は過去を克服することではありません。さようなことができるわけはありません。後になって過去を変えたり、起こらなかったことにするわけにはまいりません。しかし、過去に眼を閉ざす者は、結局のところ現在にも盲目になります。非人間的な行為を心に刻もうとしない者は、またそうした危険に陥りやすいのです。……」（一九八五年『荒れ野の四〇年』より）

人はみな過ちをおかす

10 子曰く、君子は重からざれば則《すなわ》ち威《い》あらず。学も則ち固《こ》ならず。忠信《ちゅうしん》を主とし、己に如《し》かざる者を友とする勿《なか》れ。過《あやま》っては則ち改むるに憚《はばか》ること勿れ。

子曰、君子不重則不威、學則不固、主忠信、無友不如己者、過則勿憚改。

―学而篇―

孔子は、弟子たちの姿勢に何かしら浮ついたものを感じたのであろうか、あるいは真面目さに欠けていると思ったのであろうか、君子はまずどっしりとかまえることが大事だ、そうでなければ威厳を失うし、また学問をしても、しっかりとしたものにはならないという。つぎに、友人とのつきあいについても、律義で約束をたがえない人と昵懇になって、自分に及ばない者とは友だちになるなと言う。そして、もしも自分に過ちがあったなら、妙な意地など張らずに、ただちに改めるべきだと諭すのである。

【わかっちゃいるけど、やめられない私】

完璧な人間など何処にもいない。人は誰でも過ちを犯す。しかし、過ちを犯したその後が重要なのだ。とかく人はあれこれと弁解をしたり、ごまかそうとしたりしてしまうものだが、過ちを過ちとして率直に認め、再び同じことを繰り返さないことが求められるのである。

なお、『論語』の中には「過ちて改めざる、是を過ちという」（衛霊公篇）ということばもある。人は過ちを犯しやすいが、ためらわずに改めればいい、改めなければ、それは真の過ちになるという意味である。

とは言え、分っていながら、我々はなかなか過ちを改められず、また過ちを繰り返してしまう。過ちが過ちを呼ぶ、その連鎖が怖い。しかも、やっぱり失敗を糊塗しようとしたり、他に責任を転嫁しようとしたりしてしまうから、人間は厄介なのである。そして、それは個人にとどまらない。非常事態や緊急の事態に際して犯してしまう組織の過ち、迷走もまた問題なのである。

その昔、「ハナ肇とクレイジーキャッツ」というコメディアンのグループがいた。彼らは単にお笑いにとどまらず、音楽の経験やテクニックという点で卓越した技量をもっているると高い評価を得ていたジャズ・バンドでもあった。そこで主にボーカルを担当したのが植木等という人で、実に可笑しくて、しかも味わいのある歌をたくさん残している。その一つに、『スーダラ節』というのがある。

チョイト一杯の　つもりで飲んで
いつの間にやら　ハシゴ酒
気がつきゃ　ホームのベンチでゴロ寝
これじゃ身体に　いいわきゃないよ
分っちゃいるけど、やめられねぇ
ア　ホレ　スイスイ　スーダララッタ　スラスラ　スイスイスイ……

歌詞はこの先も続くが、二番にも三番にも歌われている「分っちゃいるけどやめられねぇ」というくだりは、まさに我々の人生そのものを語っているような気がする。

馬齢を重ねて七十歳を過ぎれば、今更改めてあれこれと教えられなくても何が善で何が悪なのか、すべてお見通しとまでは言わないが、概ね判断することができるだろう。しかし、悪いと知りながら、ついやってしまう私なのだ。文字通り「分っちゃいるけどやめられねぇ」なのである。人は、これを「煩悩」と呼んだり、人間というやつはそれほどに「罪深い」のだと言ったりするが、要するにそれは我々みんながもっている「弱さ」なのだと思う。人間は弱いがゆえに過ちを犯すのである。その弱さをどう乗り越えるのか、弱いおのれ自身をどうコントロールすることができるのかが問われるところだ。そして、そのためにこそ、我々は「学ぶ」のだといってもいいのかも知れない。

孔子が『論語』の中で、繰り返し「仁」や「礼」や「恕」の大切さを説いているのも、人がその愚かさのゆえに、道徳的な理想社会を容易につくりだすことができずにいる現実を目の当たりにして、それを何とか打開したいと願ったからであろう。

【ちょっとムダな話を】

そういえば、いささか余談になるが、戦後間もなく発刊された雑誌に『思想の科学』という月刊誌があった。いろいろな人たちが様々に投稿をし、また生活綴り方運動なども推進したという出版物である。

一九九六年に廃刊になったというが、一九六〇年代半ば、私が大学生だった頃は、アメリカによるベトナム侵略戦争が熾烈さをきわめていた時期で、同誌には、「反戦平和」の文字が躍っていたように記憶している。そして、それがやがて「ベトナムに平和を市民連合（べ平連）」の運動へと結びついていったと聞いている。

あるとき、その『思想の科学』に寄稿している人たちとその読者たちとが集う催しが、講談専門の寄席である東京上野の「本牧亭《ほんもくてい》」で開かれたことがあった。そして、私はそれほど熱心な読者というほどではなかったが、大学の仲間たち五、六人と連れだって、その集まりに参加することになった。会場では、弁当が配られ、それを食べながら、多少アルコールも出されたのかもしれなかったが、参加者が入れ代わり立ち代わり舞台に上がり、スピーチなどを行うのである。そこには、鶴見俊輔、安田武といった『思想の科学』を担う著名人もいた。誰がどんな話をしたのかもはや覚えてはいないが、やがて、順番が我々のところに巡ってきた。そのとき我々は、真面目くさったスピーチなどはやめにして、クレイジーキャッツの『ホンダラ行進曲』を歌ってみせることにしたのだった。

一つ山越しゃ　ホンダラダホイホイ
もう一つ越しても　ホンダラダホイホイ
越しても越しても　ホンダラダホイホイ
どうせこの世は　ホンダラダホイホイ
だからみんなで　ホンダラダホイホイ……

仲間同士肩を組み、ラインダンス風に脚を高くあげながら歌ったのだが、仲間の一人の靴下に大きな穴が空いていて、脚をあげるたびにそれが丸見えとなり、会場の笑いを誘い、拍手喝采を頂いたのであった。

「ホンダラダホイホイ」という言葉は、「スーダラララッタスイスイ」と同様に意味不明、というより、そこには何の意味もない。文字通りふざけた歌だったのかも知れないが、当時、なぜかクレイジーキャッツの様々な歌は何の抵抗もなく私の中に入ってきた。自らも好んで彼らの歌を歌ったし、クレイジーの面々が出演する映画もほとんど観に出かけた。新宿の花園神社の近くに封切り映画ではなく再映専門の映画館があり、そこで安い入場料で作品を観るのである。

九州の田舎から憧れて東京へ出て行ったものの、カッコウよく生きようにも、まったくもってカッコウよくは生きられず、頑張って山を越えても、そのまた向こうに山があり、人生がままならないことを漸く実感しはじめていた時期だったからであろうか。彼らの歌には、人の世の悲哀を、不条理を、「フザケヤガッテ、フザケヤガッテ、フザケヤガッテ、コノヤロウ」(クレイジーキャッツの「ハイそれまでよ」)とめげずに笑い飛ばしてしまう逞しさが溢れているように感じられたのである。

成長社会から成熟社会へ

11 子曰く、約《やく》を以て失《あやま》つものは鮮《すくな》し。

子曰、以約失之者鮮矣。

―里仁篇―

「約」とは、慎み深いことを意味している。つまり、ものを倹約したり、言動を慎み控えめにするということである。そして、孔子は、何事にもつつましく、控えめであれば、過ちをおかすことは少ないと言う。

【人間中心主義はもう限界にきている】

今日、しばしば人間の驕りが指摘される。では、一体いつの頃から、人は謙虚さを失って傲慢になってしまったのであろうか。

『旧約聖書』の「創世記」に、天地創造の神話が記されている。

その中で、神は天と地とを創造した後、最後に自分の姿に似せてアダムとイヴという人間をつくり、エデンの楽園に住まわせたとある。

そして、神は彼らを祝福して言う、

「生めよ、ふえよ、地に満ちよ。地を従わせよ。また、海の魚と空の鳥と、地に動くすべての生き物とを治めよ」と。

また、こうも言っている。

「種を生ずるすべての草、種を生ずる実のなるすべての木をお前たちに与える。これがお前たちの食料となる……」と。

実のところ、ここに、やがて世界を制覇することになる西欧文明の出発点がある。ここから人間による自然支配の歴史がはじまり、人間中心主義の発想が芽生えていったのだと思う。

しかし、そうした文明は、今日とりわけ自然との関係に於いて限界に達している。人間はみずからの驕り高ぶりを戒め、慎み控えて生きなければならない時代を迎えているのである。

一九七〇年代、ドイツ生まれのイギリスの経済学者であるエルンスト・シューマッハーが『スモール イズ ビューティフル』（講談社学術文庫）という本を著し、「仏教経済学」なるものを提唱している。

彼によれば、経済学者の観点からみたとき、仏教徒の生活が素晴しいのは、その様式が極めて合理的で、驚くほど僅かな手段でもって十分な満足を得ていることだという。

また、禁欲主義でもなく快楽主義でもない、その中道をゆくのが仏教であるとも述べている。すなわち、仏教は富そのものを否定するのではなく、富への執着を解脱の妨げになるものとして戒めているのである。人が生きてゆく上で、おカネやモノは必要欠くべからざるものである。しかし、おカネさえあれば、モノさえあればという考え方を棄てようというわけである。

真の豊かさとは何かを考えるうえで、貴重な提言ではなかろうか。

二〇世紀を振り返ってみたとき、この時代、我々はひたすら物質的豊かさを追い求め、経済成長第一主義で生きてきたように思う。

そして、生活水準を測るバロメーターとして「消費量」を問題にし、モノを多く消費することが消費の少ない人より豊かである、幸せである、そう信じて疑わなかった。

確かに敗戦によって、経済は壊滅的な打撃を受け、住む家とてなく、モノ不足に悩まされる日々が続いたことは間違いない。それゆえにあれも欲しい、これも欲しいという物欲が人々の中で大きく膨らんでいったのはあるいはやむを得ないことだったかも知れない。しかし、一九六〇年代から七〇年代にかけて、国民の勤勉さに助けられながら、日本経済は高度成長を遂げ、人々の多くが物質的にはまずまず豊かさを享受できることとなり、経済的には今すでに成熟期を迎えているといってもいいだろう。

人の欲望はかきたてられればかきたてられるほどに膨れ上がってきりがない。だが、「足るを知る」という言葉がある。もうこれ以上の経済の急成長を待望するのはやめにすべきだと思う。「成長幻想」と訣別すべき時期を迎えているのだ。むしろこれからは、経済格差の是正とか環境問題とか安全や健康をコンセプトにした「成熟社会」への移行を模索しなければならないのではなかろうか。

『論語』の「里仁篇」に、「君子は義にさとり、小人は利にさとる」という言葉がある。君子はそれが正しいか正しくないかで物事を判断するが、小人はただ利益があるかないかですべてを判断するという意味だ。

巷には「より多く儲けた者が勝ち」という価値観が蔓延している。それは、裏を返せば、稼げない人間は負け組であり、それでたとえ飢えたとしても、それは自業自得であるという考えにそのままつながってゆく。

脚本家の倉本聰さんが毎日新聞に連載していたコラムの中で、「日本という車にはブレーキもバックギアもない。ダッシュボードについているのは『経済指標』という巨大なメーター一つのみである」と書いているが、「自由競争」という美名のもとに、モラルなき経済活動をも正当化し、手段はどうであれ、上手に稼ぐことが「正義」であり、その競争に敗れて、職を失いあるいは財産を失うのはあくまで「自己責任」だとする。

そこには、経済的な格差を少しでも縮めて、みんなが幸福な社会、みんなが豊かに暮らせる社会を作っていこうとする意図など微塵も感じられない。また、我々の生存を支える地球環境を大切に守ろうという配慮も欠落している。

あるいは「お前の言うことはまだまだ青いネ、世の中はそんなに甘いもんじゃないんだよ」そう嘲笑う人がいるのかも知れない。だが、こんな社会の在りようからは何としてもオサラバしたいものだと思う。そして、豊かさを国民全体で享受できる仕組みをつくり、国民一人ひとりが豊かさを実感でき、さらに自然と人間との共生をはかり、安心と安全とが保障されるような社会にしてゆくことが求められるのだ。

『論語』の「季子篇」に、

「……国を有《たも》ち家を有つ者は、寡《すく》なきを患えずして均しからざるを患え、貧しきを患えずして安からざるを患うと。蓋し均しきときは貧しきことなく、和すれば寡なきことなく、安んずれば傾くことなし……」

という孔子の言葉がある。

つまり、国を治める者が心配しなければならないことは、人口が少ないということではなく、富や物資がみんなに平等に分配されているかどうかということだ、貧しさを心配するのではなく、みんなが平和な気持ちで暮らせているかどうかが問題なのだと言っているのである。また、貧困は格差社会の産物であり、富の分配が平等であるならば貧困は生まれない、平和な世の中が続けば人口も増えてゆく、不安がなくなれば国が没落することもないというのである。

そして、「季子篇」の孔子の言葉をさらに読みすすむと、何はともあれ「平和がいちばん」ということになりそうだ。

まるで孔子は今を生きる我々に向かって言っているようではないか。

【修験道に学ぶ】

かつて私は、工業開発の為にいとも簡単に故郷の海を埋め立ててしまうことに反対し、太古最初の命を孕んだ海を守れと主張した。そして、そうした地球環境へのこだわりの延長線上で、やがて山の宗教とも森の宗教とも言われる「修験道」と出会うことになる。一説によれば、海に最初の生命が誕生したのが今から三十五億年前、陸に生物の上陸をみたのが五億年前、針葉樹林の出現は二億五千万年前、広葉樹林は一億五千年前だと言われている。どうやら、私の思考も、海に始まって、樹木の生い茂る山へとたどり着いたようであった。海を守るというだけではなく、山や森を守る、山と海を結ぶ川をまもることの必要性を痛感したのである。

一九九三年、まったく予期していなかったことではあるが、私は、平安末期から明治の初めまで修験道の山として賑わいをみせた「求菩提山」の山麓にある歴史資料館に勤務することになった。修験道関係に特化した資料を収蔵・展示する全国でも珍しいミュージアムである。そこで十九年もの間お世話になった。そして、はじめて修験道なるものにアプローチしてみることになったのである。

ところで、日本の民族宗教は山岳信仰に始まると言われる。古来、山は人々にとって、人の魂が死後昇る場所であり（山中他界観）、また、天にもっとも近く、神々がしばしば降臨する場所だとも考えられた。加えて、日々の生業とのかかわりから、山は人々に様々な恩恵を与えてくれる処でもあった。つまり、豊かな森をもつ山々は、枯れ落ち堆積した木の葉によって豊富な腐植土が形成され、降り注いだ雨はそこにしっかりと蓄えられ、徐々に川へと流れ、あるいは地下水となって、里を潤すのである。水田稲作にとって欠くことのできない水甕の役割を果たしているのだ。そればかりか、森は海の恋人だともいう。分解された森の栄養分は、川を下って海へと流れ込み、漁場をも養ってきたのである。

修験道とは、その山岳信仰をベースにして、東北アジアのシャマニズムや中国の道教、儒教の影響を受け、さらには真言・天台の密教とも結んで、平安末期に成立した神仏習合の宗教だということになる。その根底に流れるものは、とりもなおさず自然崇拝である。

中世の日本仏教界で説かれたという「山川草木悉く皆仏性を有す」（天台本覚論）という言葉にも示される通り、あらゆるものに仏が宿っている。この世にムダなものは何もない、すべてのものに存在価値がある、そう考えるのだ。そしてそこに成り立つ大自然の生態系の微妙なバランスの上に、人間は辛うじて生かされて生きていることになる。自然という大生命の中に人間という小さな命が包まれているのである。今やいささか懐かしい名前になってしまったが、かのカール・マルクスは「貫徹したナチュラリズム」は「貫徹したヒューマニズム」に通じるのだという意味のことを述べている。山川草木に仏性をみるという考え方は、身勝手な人間中心主義を克服すると同時に、ヒューマニズムの貫徹なのだということができるのかも知れない。

さて、修験者とか山伏とか呼ばれた修行者たちは、神仏が宿る聖域とされた山深くに分け入り、自らに厳しい修行を課しながら、ひとりでは生きられない非力な己を見つめつつ、自然の恵みに感謝し、また時に猛威をふるう自然を畏れて神仏に祈ったのである。

私は、そこにみる人間の謙虚さに学びたいと思う。己の能力を超えた大いなるものにこうべを垂れて跪く姿勢に学びたいと思うのだ。修験道は、山や森さらには山村を切り捨てたところに成立する現代文明に対して、またそれを謳歌している現代人に対して警鐘を乱打し続けているのである。

人間なんてちっぽけな存在ではないか、もっと控えめであれ、もっと己の非力を自覚せよ、山はそう言っているような気がする。

『論語』に「子貢、告朔《こくさく》の餼羊《きよう》を去らんと欲す。子曰く、賜や、爾は其の羊を愛《おし》む、我はその礼を愛む」（八佾篇）ということばがある。

これは、孔子の弟子で、経済・財政に明るい政治家であった子貢が、毎月一日に行われる宗廟の例祭に羊を生贄にすることをやめたらどうかと提案したことに対して孔子が意見を述べたものである。孔子は、羊の生命を大切にしたい、例祭にかかる費用を節約したいという子貢の申し出に理解を示しつつも、それによって「礼」が失われてしまうことを憂えたのであった。

生贄とは、神へ供物として生きた動物を供えることである。供えた後に殺すことも、殺してすぐに供えることもあった。また、動物だけでなく、人間を生贄に供える慣習もあり、これを「人身御供」と呼んだ。そして、それは神への最上級の奉仕とされた。今日的に考えれば、生贄など非科学的であり、実に理不尽な犠牲だと言わなければならないが、古人は、災害にあっては、自然が飢えて生贄を求めて猛威をふるっているとして、大規模な災害が起こる前に、適当な生贄を捧げることで、災害の阻止を祈願したのである。日本では、大雨によって河川がたびたび氾濫し、人々に多大な被害をもたらしてきたが、それは河川を司る水神が生贄を求めているからだと考えられたのである。ちなみに、記紀神話にみるスサノオのオロチ退治の話もおそらくこの類であろう。

それゆえ、孔子のいう「我は礼を愛む」とは、大自然の生態系の微妙なバランスの上に生かされて生きている人間が、祭を執り行って謙虚に自然の恵みに感謝し、時に猛威をふるう自然に畏敬の念を抱くことの大切さを説いているように私には受けとめられ、修験道に通じるものを感じるのである。

Ⅱ 生きること、そして死んでゆくこと

どんな生き方ができるのか

12

子曰く、吾十有五《じゅうゆうご》にして学に志し、三十にして立ち、四十にして惑《まど》わず。五十にして天命を知る。六十にして耳順《みみしたが》う。七十にして心の欲するところに従いて、矩《のり》を踰《こ》えず。

子曰、吾十有五而志乎學、三十而立、四十而不惑、五十而知天命、六十而耳順、七十而従心所欲不踰矩。

―為政篇―

十五歳で学問を志し、三十歳で自立する。四十歳で迷いがなくなり、五十歳で天から与えられた自らの使命をさとる。六十歳で人の言葉を素直に聞くことができるようになり、そして、七十歳になると、自分が思うままに行動しても行き過ぎるということがなくなった、と孔子は言うのである。

高橋源一郎さんは、この孔子の言葉を『一億三千万人のための論語教室』（河出新書）という自著の中で、少々違ったニュアンスで解釈している。

「わたしが学問の道を歩こうと思ったのは十五のときです。三十になったときには自信満々だったし、四十では怖いものなんかなかったですし、でも五十になったとき、自分の限界がわかったんですね。六十になると、誰のことばでも素直に聞くことができるようになりましたね。で、七十になったときには、なんでも好きなことをやってんのに、人にイヤがられるようなことは一つもなかったってわけです」と訳しているのである。

これはこれで、『論語』の一つの読み方なのかも知れない。

【孔子の生涯をたどる】

孔子が晩年になって、人生を振り返った言葉だという。そして、ここから、十五歳を「志学《しがく》」、三十歳を「而立《じりつ》」、四十歳を「不惑《ふわく》」、五十歳を「知命《ちめい》」、六十歳を「耳順《じじゅん》」、七十歳を「従心《じゅうしん》」という言い方がなされるようになったわけである。

しかし、それは、孔子がそれまでの人生を顧みて、自分はかく生きた、我が人生に悔いなしとでも言おうとしたのだろうか。というより、ままならない人生だけれども、できることなら人間こんな生き方をしたいものだねと語りかけているように私には感じられるのだ。

先の高橋源一郎さんの解釈のように、「自信満々」だったり「怖いものなし」などと軽く言ってのける心境にはとてもなかったのではないかと思ってしまうのである。

むろん、彼は偏狭な学問の徒ではなく、当時六芸（礼・楽・御・射・書・数）といわれた学問の道を幅広く究め、後世、世界の聖人の一人にその名を連ねることになるのだが、七十四年間の彼の生涯は必ずしも順風満帆というわけではなかったからである。学べば学ぶほどに、理想と現実との乖離に悩み苦しみ、迷い、まさに挫折の連続ではなかったかという気がするのだ。

孔子には、どちらかというと近寄りがたい聖人のイメージが定着しているけれども、実のところ「聖人」と呼ぶのが時にためらわれるほど俗世に翻弄された生涯を送った人だったと言ってもいいかもしれない。

孔子は、紀元前五五二年頃、魯国（現在の中国山東省南部の曲阜市）に生まれた。彼が生きた時代は、紀元前七七〇年に周が都を洛陽に遷してから紀元前二二一年に秦の始皇帝が中国を統一するまでの間の一時期で、「春秋戦国時代」末期にあたる。

司馬遷の『史記』によれば、孔子は、孔紇《こうこつ》という下級武士（農民との説もある）と顔徵《がんちょう》在《ざい》という巫女との間に野合の子（私生児）として生まれたという。父六十七歳、母十五歳の時であった。孔子三歳の折に父が、十七歳の時に母も他界。家庭運に恵まれず、若いころの孔子は大変に貧しく、様々な仕事を転々としながら、また様々な屈辱を味わいつつ、魯国の片隅で不遇な時代を生きていたのである。『史記』の伝えるところによると、さる豪族が宴会を開いて人々を招いたことがあって、孔子も出向いたところ、「おまえのような者を招いてはおらぬ」と追い払われたという。

『論語』の「子罕篇」に「吾少《わか》くして賤し。故に鄙事《ひじ》に多能なり」とあり、自分は子どもの頃身分が低かったから、色々なつまらない仕事も覚えた。しかし、あれこれ何でもできるということはそれほど自慢にはならないと、孔子は言うのであった。ただ、彼はひたすら学問に励んだ。やがて私塾を開いて弟子たちを育て、それで生活を支えながら、仕官のチャンス到来を待ち望むのであった。「四十にして惑わず」と言ってはいるが、現実は厳しく、「惑わず」どころか、四十歳になってもひたすら思い惑う日々が続いていたのではなかっただろうか。

君主を唸らすほどの学識をもった孔子ではあったが、嫉妬する者たちもいて、彼の仕官は容易にかなわなかった。この時期、焦りに焦る孔子を弟子たちがたしなめるという場面もあったとされている。

次にみられる『論語』の言葉には、当時の彼の心境が滲んでいるような気がする。まるで自らに言い聞かせているかのようだ。

「子曰く、歳寒くして、然る後に松柏《しょうはく》の凋むに後《おく》るることを知る」

――子罕篇――

(季節が変わり寒くなって、草木が枯れてしまった後、松や柏だけが寒さに耐えて緑の葉をつけたまま立っている。人も平常はわからないが、何か事が起こった時にその人の価値というものがわかる)

「子曰く、人の己を知らざるを患えず、人を知らざるを患う」

――学而篇――

(人が自分のことを評価してくれないことを気に病むのではなく、自分の方が他人の評価をちゃんとできるようにすることが大事だ)

「子曰く、位無きを患えず、立つ所以《ゆえん》を患う。己を知るものなきを患えず、知らるべきを為すを求む」

（地位が低いことを思い悩むのではなく、どうすれば高い地位が得られるのかを考えるべきだ。人から評価されないことを思い悩むのではなく、どうすれば評価が得られるのかを考えるべきだ）

―里仁篇―

まさしく挫折続きの孔子であったが、五十歳代になってようやく、政治の表舞台に立って活躍することになる。

五十一歳で中都の宰長（地方行政長官）に、五十二歳で大司寇（法務大臣）に、そして、五十四歳で宰相代行となり、実質的に魯国の政治の中心に座ることになるのである。ここで、おそらく彼は、それまでに蓄積してきた知力とエネルギーとを傾注して政務に励んだことであろう。孔子は、武力による政治ではなく、あくまでも徳治政治を求めた。

『論語』の「顔淵篇」には、こう記されている。

「季康子、政を孔子に問いて曰く、もし無道を殺して、以て有道を就《な》さば何如。孔子対《こた》えて曰く、子、政を為すに焉んぞ殺を用いん。子、善を欲すれば民善ならん。君子の徳は風なり、小人の徳は草なり。草、これに風を上《くわ》うれば、必ず偃《ふ》す」と。

すなわち、不法な行為をする者を死刑に処し、律義な者を育てていくという政策はどうであろうかと問う季康子に対して、孔子は、政治を行うのに、どうして道に外れた者を殺す必要があろうか。あなたが善を行うように努めれば、おのずから民も善くなる。君子の徳は風、民衆はその風になびく草のようなもので、あなた自身がまず良い方角に吹く風にならなければならないと答えたのである。

作家の高橋源一郎さんは、これについて、次のような解説をしている。

「悪人を全部捕まえて死刑にしたとするでしょう。その残りの人たちの中に、また悪人が出てきます。そして、その悪人を捕まえて、また死刑にする。でも、またその残りから悪人が出てくるのです。なぜだかわかりますか？　そりゃあ、あなたが『悪人』というものを『社会の害悪であり除去すべき存在』と考えているからです。そして、あなたがそのように考えて政治を行えば、人びともみんな同じように『社会の害悪』を『除去』しなきゃならないと思う。そのマインドが人びとの間にある限り、『社会の害悪』を見つけようという衝動はなくならないのです。それがどのような結果になるのか、……ヘイトスピーチ（憎悪表現）やレイシズム（人種主義）に行き着くのですよ。政治を行う者がやらなきゃならないのは、その反対なんです。『社会の害悪』を見つけようとするのではなく、『社会の中の善』を見つけようとしなきゃなりません。災害ユートピアということばをご存知ですね。震災のような絶望的な状況の下で、人びとが自然に連帯して助け合うことを指しています。そのような『善』の能力を、人びとは持っています。政治を行う者は、人びとのその能力を見つけ、育てなければなりません。そのためには、まず、政治を行う者が、その能力を身に着けなければならないのです。……」（『一億三千万人のための論語教室』）と。

「為政篇」にも、孔子の次のような言葉がある。

「子曰く、これを導くに政を以てし、これを斉《ととの》うるに刑を以てすれば、民免れて恥なし。これを導くに徳を以てし、これを斉うるに礼を以てすれば、恥ありて且つ格《ただ》し」と。

ここでも、高橋源一郎さんの解説を引用すると、

「……権力というものはすごく怖いものです。たとえば、法律に頼ってですね、なにか悪いことをするとすぐ罰しようとするでしょう。すると、誰だって、最初に、どこかに抜け道はないかなって考えるに決まってるんです。そうしたら、その抜け道を防ぐために、また法律を作る。それで、また人々は抜け道を考える。ほんと、悪循環ですよね。……そうじゃなくて、まず根本に、誰でも納得できるような美しい理想を置いてみてはどうでしょう。それから、その『理想』を実行するために、強制するとか、法律でしばるとか、といっ

た方法ではなく、本来、人間ひとりひとりが持っているはずの、美や正義を大切に思ったり、他人を大事にしようと思ったりする考え方、まあ、それを『徳』っていうんですが、それに訴えるんです。政府がそういうやり方で来たら、民衆のみなさんだって、狡賢くやろうなんて恥ずかしくてできなくなっちゃうんですよ」ということになる。

引用が些か長すぎたが、孔子の言葉を現代に置き換えて解釈したものということもでき、大変興味深く重要な指摘だと思う。

さて、こうして漸く政治的活躍の場を得た孔子であったが、彼がその力量を発揮することができたのは、ごくごくわずかな期間でしかなかった。

彼は、五十五歳の時、魯国の政治に失望し、弟子たちと共に故国を出て、永い放浪の生活に入るのである。放浪中、食糧が不足し、同行した者たちは疲れ果て、時に病んだりすることもあったが、孔子は、こうした時こそ狼狽えてはならないとして、平然と講義を続けた。たまりかねた弟子の子路が、「君子は窮迫することがありますか」と問うと、孔子は「君子固《もと》より窮す。小人は窮すればここに濫《みだ》る」と答えたという（衛霊公篇）。孔子と弟子たちとは、寝食を共にしながら各地を移動し、ある種緊張感をともなった濃密な師弟関係をつくりあげていったのであろう。

放浪十四年、六十八歳の時、請われて再び故国の土を踏むことになるが、もはや政治の表舞台に立つことはなく、もっぱら弟子たちの教育に力を注いだのであった。孔子の教育は、弟子たちの個性に応じ、個々に対して行われ、その基本は①文（読書）、②行（実践）、③忠（誠実）、④信（信義）であったと言われている。

【ままならぬわが人生】

はてさて、私も孔子とほぼ同じ七十余年という時間を生きてきたのだが、省みて、自分の人生はどうだったたであろうか。

とても「四十にして惑わず」などということにはならなかった。むしろ、人生のターニングポイントにあたる四十歳代が、いちばん悩ましく、戸惑った時期だったのかも知れない。とても簡単には語りつくせないが、時の管理主義的な教育の場で右往左往する私であった。世代間の価値観の違いもあって、真には子どもたちに寄り添うことはできないかも知れないが、とはいえ、出来るだけ子どもたちに寄り添う教師であろうとすれば、「生徒を甘やかしダメにする教師」というレッテルを貼られて孤立したりしてしまうのだ。迷いに迷った挙句、自らの限界を感じていた教師という仕事にピリオドを打ち、それまでの人生設計にはなかった歴史資料館勤務の道を選んだ。四十八歳の時である。

五十歳になって「天命を知る」ということになったか否か、これまた何とも言い難いが、ともあれ、資料館で生きいきと仕事をしてきたような気がする。山の麓の美しい自然に囲まれてゆっくりと時間が流れた。暇を見つけてはかつて山伏（修験者）たちが厳しい修行に挑んだという山中を歩き、その歴史を辿り、そこに現代人の忘れ物を見つけだしたりして、もっとも充実した時を過ごしていたと言えるかもしれない。

では、六十歳になって、「耳順う」即ち誰の言葉にも素直に耳を傾けることができるようになったかというと、決してそうとばかりは言い切れない。

相も変わらず昨日の続きの今日を生き、自分ファーストで頑固を貫いてきたのではなかったか。ただ、六十四歳の折に慢性腎不全という不治の病を抱え、人工透析を受けることになり、腹膜炎を併発したりして、時に死を身近に感じることもあり、少しは謙虚になることができたと言えるのかも知れない。

時の経つのは早い。やがて、七十歳を迎えた。しかしながら、「心の欲するところに従いて矩《のり》を踰《こ》えず」という域には到底達してはいない。未だ後悔することしきりのまちがいだらけの我が人生である。自分に残された命の時間がだんだん少なくなってゆく中で、それをどう生きてゆくのかが問われるところであるが、生きながらにして死んでいるような生活だけはしたくないと思う。今となってはもうやり直しはきかず、急がずに、あまり力まずに、かといって怠けることなく生きてゆくほかないであろう。

『論語』の「子罕篇」に、

「子、四を絶つ、意なく、必なく、固なく、我なし」とある。

つまり、孔子は自らへの戒めとして、意地をはらないこと（勝手な憶測をしない）、無理をしないこと（必ずやり遂げるとか何としてもこれをしなければならないとかいった自分への縛りをもたない）、こだわらないこと（頑固にならない）、我をはらない（我儘にならない）ことの四つをあげたのである。柔軟にして、何事にもとらわれない自由さをそこに感じる。肝に銘じておきたいものだ。

【長寿社会、ちょっと笑ってみるしかないか】

孔子は七十四歳で亡くなったというから、当時としてはかなり長生きだったと言えるかも知れない。しかし、二五〇〇年以上が経過して、長寿化はさらにさらに進んでいる。私の周囲を見渡してみても、九〇歳、一〇〇歳を生きている人は決して珍しくはない。七〇歳代までの人生設計だけでは足りなくなってきているのだ。

そんなあるとき、知人から「十八歳と八十一歳の大違い」というチラシをもらった。誰の書いたものなのかは知らないが、まったくその通りだと納得してしまう中身なのでここでお披露目しておこう。

「人の言うことを聞かないのが十八歳、人の言うことが聞こえないのが八十一歳／人生に躓くのが十八歳、石に躓くのが八十一歳／偏差値が気になるのが十八歳、血糖値が気になるのが八十一歳／まだ何も知らないのが十八歳、もう何も覚えていないのが八十一歳／たびたび失恋するのが十八歳、たびたび失念するのが八十一歳／カネのないのが十八歳、カネがあっても使い道がないのが八十一歳／スマホを手放さないのが十八歳、どこにいったか探すのが八十一歳／階段を二段飛びするのが十八歳、階段で転ぶのが八十一歳／シェイプアップするのが十八歳、全身たるむのが八十一歳／異性に話しかけるのが十八歳、テレビに話しかけるのが八十一歳／心がもろいのが十八歳、骨がもろいのが八十一歳・・・」

冥途は近いよと言わんばかりに、高齢者の頭に「後期」という冠をつけ、わざわざ「後期高齢者」と呼ぶ一方で、「一億総活躍社会」とか「生涯現役」とかいって煽ってみたりもするが、いずれにしてもシニアの時代を生き抜くのは決してたやすくはない。

新聞で、「七十を過ぎて履歴書書くはめに」という川柳をみかけたが、もうおためごかしの「敬老の日」はいらないのかも知れない。「全世代型社会保障の充実」などという政府の言葉が新聞紙上に踊っているが、これは結局のところ高齢者切り捨てと表裏をなすものだと言ってもいいと思う。

まあ、いろいろあるけれども、こんなチラシを読んで笑うしかないだろう。

終わりを慎み、遠きを追う

13　曾子曰く、終わりを慎《つつし》み、遠きを追えば、民の徳厚きに帰《き》す。

曾子曰、愼終追遠、民德歸厚矣。　——学而篇——

「終わりを慎む」とは、父母の老後を看取るとか、親の葬儀を丁重に行ない、真心をもって喪に服するという意味に解されている。

また、「遠きを追う」とは、親や先祖に深く感謝し、その供養にまことを尽くすことだと解釈されている。

したがって、曾子のことばは、「年老いていく親をきちんと最後まで優しく看取ろう。

そして、自分たちの先祖への感謝の気持ちを忘れないようにしよう。そうすれば、人々の間にも情のあるいい気風が生まれる」ということであろう。

【死に支度をどうする】

言うまでもないことだが、この世に生を受けた者は必ず死んでゆく。いつかは知れないが、人の命にはいずれ終焉の時がやってくる。では、人はその「死」をどのように迎えればいいのか。

永年、ホスピスの現場で医療活動をしてきた医師の柏木哲夫さんは、一年に一度、学校や病院などあちこちの施設で万が一の火災に備えて防火訓練を行うように、ぜひ「誕生日に死を思う習慣」をつけよう、「発生率百パーセントである死に対して年に一度ぐらい心の備え」をしようと提案する（『死を看取る医学』ＮＨＫライブラリー）。

また、上智大学教授のアルフォス・デーケンさん（二〇二〇年九月六日死去）は、死を病院の密室に閉じ込めてタブー視するのではなく、「生涯かけて学ぶべき芸術の一つ」として、日頃から「死への準備教育」を怠ってはならない、そしてそれは同時に「生への準備教育」でもあるのだという。つまり、我々が死を見つめることによって、自分に与えられた時間が限られているという現実を認識することができ、それは毎日をどう生きていけばいいのかを考えることにもつながるのだと主張するのである（『死とどう向き合うか』NHKライブラリー）。

ともあれ、人は死んだらどうなるのか、死後の世界があるのかないのか、誰も知る者がいないから分らない。これぱかりは、科学的な実験によっても明らかにすることができない。それゆえ、不安であり、恐怖でもある。

中国前漢時代（紀元前二世紀頃）の書『淮南子』に、「生寄死帰（生は寄なり、死は帰なり）」という言葉がある。人がこの世に在るのは一時的に身を寄せたようなものであり、死は本来居るべき場所に帰るようなものだという意味である。そんなふうに死を受け止めることができれば、あるいは死に対する不安はいささかでも和らぐかも知れない。

ところで、二〇一六年一月六日付の朝日新聞には、「死ぬときぐらい、好きにさせてよ」というタイトルの一面広告（宝島社）が掲載された。

今ではもう故人になってしまった女優の樹木希林さんが、花咲く野辺に横たわっていて、そこには、こう書かれていた。

人は必ず死ぬというのに、
長生きを叶える技術ばかりが進化して、
なんとまあ、死ににくい時代になったことでしょう。
死を疎むことなく、死を焦ることもなく、
ひとつひとつの欲を手放して
身じまいをしていきたいと思うのです。
人は死ねば宇宙の塵芥。せめて美しく輝く塵になりたい。
それが、私の最後の欲なのです。

むろん、死について想いをめぐらすとき、おのれがどんな死に方をするのかということだけが問題なのではない。肉親や近しい人たちの臨終に際して、彼らをどう看取ればよいのかという問題、即ち曾子の言葉にある「終わりを慎み」という問題にも向き合わなければならない。

平安時代、比叡山に恵心僧都源信という僧侶がいた。浄土信仰確立に力を尽くした人であるが、彼の著した『往生要集』の中に「臨終の行儀」という一文がある。そこにはまさに死んでいこうとする者を看取るうえでの作法が記されている。

それによると、死を目前にした病人は、まず「無常院」という今でいうホスピス病棟に移される。そこには阿弥陀如来像が西に向けて安置されていて、病人はその仏の背後に、北を枕に身体を西向きにして寝かされる。阿弥陀如来像と病人とは五色の幡（テープ）で結ばれて、これから阿弥陀仏に導かれて、西方十万億土の彼方にある極楽浄土へ赴こうというのである。

また、源信はそうした死期の近い病人の看病の仕方についても、

「必ずすべからく病人に問うべし、いかなる境界を見たると。もし罪相を説かば、傍らの人、即ち為に念仏して、助けて同じく懺悔し、必ず罪を滅せしめよ」と記している。

つまり、死を迎えようとしている人の意識には、極楽へ往生するイメージと地獄へ堕ちてゆくイメージとが交錯しているであろうから、今どんなイメージがあらわれているのかをしばしば病人に問いかけ、もしも地獄へ堕ちてゆくイメージに襲われて苦しんでいるとしたなら、念仏を唱え、さらには香を焚き、花を飾るなどして病人の気持を励まし、極楽往生のイメージがあらわれるようにして、安らかに死への旅路につくようにしてやるべきだというのである。宗教学者の山折哲雄さんは、これを「浄土観に基づく一種のホスピス

運動だ」と評しているが、尊厳死やターミナルケア（終末医療）が人々の関心を集めているなか、源信の「臨終の行儀」は、なかなかに興味深いものではなかろうか。

ちなみに、仏教の開祖である釈迦も、死は何の終わりでもなく、表面的な変遷に過ぎない。それ故、臨終に際して人々が互いに励まし合ってその変化の時を迎え、各自がつとめて精神を安定させ、死を覚悟することが大事だと説いたという。

では、現代の病院ではどうなのか。そこは死を迎える場というより、まずは死と闘う場所であろうとする。現代医学にとって死は敗北であるから、医療技術の限りを尽くして死の影を追い払おうとするのである。呼吸困難となれば、酸素吸入を行ない、呼吸が止まれば、ポンプで強制的に肺に空気を送り込む。心臓が弱ってくると、強心剤を注射する。それでだめなら心臓マッサージを行ったり、電気ショックを与えたりして心臓を動かす。口からものを食べられなくなれば、内視鏡による手術をおこない、お腹に小さな「口」を造り、胃瘻カテーテル（チューブ）によって直接胃に食べ物を送り込む。それも無理だということになれば、栄養素にして流し込んだりもする。こうした生物的延命治療こそが、現代医学にもっとも期待され、力が注がれている分野なのかもしれない。

だが、果たしてこれでいいのだろうか。むしろ人間は死すべきものだという原則を真正面から受けとめたところでの医療が求められているのではないかと思うのだ。

またまた余談となるが、過日、私は妻や子どもたちに宛てて『尊厳死に関する宣言書』を作成して残すことにした。そこには、すでに死期が迫っていると診断された場合、延命措置を一切行わないこと、但し、苦痛を和らげるための緩和医療は最大限実施して欲しいこと、また、いわゆる植物状態に陥った時はすべての生命維持装置を取り外すこと、そして、できれば遺骨の一部を少しでいいから求菩提山の夕陽の見える場所に散骨して欲しいこと等々がしたためてある。

【葬送儀礼の在り方を思う】

さて、曾子の「終わりを慎む」という言葉の中には、「臨終の行儀」だけでなく、その後の「葬儀」をどうとり行うのかという問題も含まれている。

近頃では、自宅での葬儀は姿を消し、いわゆる「葬儀屋」さんが営む斎場を使っての葬儀が大半である。その斎場での葬儀に参列してみると、宣伝文句通り「細やかで心のこもった」仕事ぶりにであうこともあるが、どちらかというとあまりにも形式にこだわり過ぎて、

弦書房

出版案内

2024年 春

『小さきものの近代 2 』より
絵・中村賢次

弦書房

〒810-0041　福岡市中央区大名2-2-43-301
電話　092(726)9885　FAX　092(726)9886

URL　http://genshobo.com/　E-mail　books@genshobo.com

◆表示価格はすべて税別です
◆送料無料（ただし、1000円未満の場合は送料 250円を申し受けます）
◆図書目録請求呈

新刊

渡辺京二×武田修志 博幸 往復書簡集

名著『逝きし世の面影』を刊行した頃（68歳）から二〇二二年12月に逝去される直前（92歳）までの書簡220通を収録。その素顔と多様な作品世界が伝わる。

2200円

風船ことはじめ

松尾龍之介

一八〇四年、長崎で揚がった日本初の熱気球＝風船が、なぜ秋田の山中に伝わっているのか。伝えたのは、平賀源内か、オランダ通詞・馬場為八郎か。

2200円

新聞からみた1918《大正期再考》

長野浩典　一九一八年は「歴史的な一大転機」の年。第一次世界大戦、米騒動、シベリア出兵、スペインかぜ。同時代の人々は、この時代をどう生きたのか。
2200円

近現代史

◆熊本日日新聞連載「小さきものの近代」

小さきものの近代 1

渡辺京二最期の本格長編　維新革命以後、鮮やかに浮かびあがる名もなき人々の壮大な物語。
3000円

小さきものの近代 2

国家や権力と関係なく〈自分〉を実現しようと考え

話題の本

生きた言語とは何か 思考停止への警鐘

大嶋仁　言語には「死んだ言語」と「生きた言語」がある。言語が私たちの現実感覚から大きく離れ、多用されるとき、私たちの思考は麻痺する。
1900円

生き直す 免田栄という軌跡

高峰武　獄中34年、再審無罪釈放後38年、人として生き直した稀有な95年の生涯をたどる。釈放後の免田氏が真に求めたものは何か。冤罪事件はなぜくり返されるのか。
◆第44回熊日出版文化賞ジャーナリズム賞受賞　2000円

◆橋川文三 没後41年

三島由紀夫と橋川文三

宮嶋繁明　二人の思想と文学を読み解き、生き方の同質性をあぶり出す力作評論。
2200円

橋川文三 日本浪曼派の精神

宮嶋繁明　『日本浪曼派批判序説』が刊行されるまで（一九六〇年）の前半生。
2300円

橋川文三 野戦攻城の思想

宮嶋繁明　『日本浪曼派批判序説』刊行（一九六〇年）後から晩年まで。
2400円

党解党」で絶筆・未完。
3000円

◆渡辺京二の本◆

【新装版】黒船前夜 ロシア・アイヌ・日本の三国志

◆甦る18世紀のロシアと日本 ペリー来航以前、ロシアはどのようにして日本の北辺を騒がせるようになったのか。
2200円

肩書のない人生 渡辺京二発言集2

昭和5年生れの独学者の視角は限りなく広い。一九七〇年10月～12月の日記も初収録。渡辺史学の源を初めて開示。

2000円

◆石牟礼道子の本◆

石牟礼道子全歌集 海と空のあいだに

解説・前山光則 一九四三～二〇一五年に詠まれた未発表短歌を含む六七〇余首を集成。
2600円

石牟礼道子〈句・画〉集 色のない虹

解説・岩岡中正 未発表を含む52句。句作とほぼ同じときに描いた15点の絵（水彩画と鉛筆画）も収録。
1900円

【新装版】ヤポネシアの海辺から

対談 島尾ミホ・石牟礼道子 南島の豊かな世界を海辺育ちのふたりが静かに深く語り合う。
2000円

水俣病公式確認6

日本における メチル水銀中毒事件研究2020

水俣病研究会 4つのテーマで最前線を報告。これまでとはまったく違った日本の〈水俣病〉の姿が見えてくる。
2000円

死民と日常 私の水俣病闘争

渡辺京二 著者初の水俣病闘争論集。市民運動とは一線を画した〈闘争〉の本質を語る注目の一冊。
2300円

8のテーマで読む水俣病

高峰武 水俣病と向き合って生きている人たちの声に学ぶ、これから知りたい人のための入門書。学びの手がかりを「8のテーマ」で語る。
【2刷】2000円

◎FUKUOKA Uブックレット◎

❾かくれキリシタンとは何か オラショを巡る旅

中園成生 四〇〇年間変わらなかった、現在も続く信仰の真の姿。
【3刷】680円

㉑日本の映画作家と中国 小津・溝口・黒澤から宮崎駿・北野武・岩井俊二・是枝裕和まで

劉文兵 日本映画は中国でどのように愛されたか。
900円

㉒中国はどこへ向かうのか 国際関係から読み解く

毛里和子・編著 不可解な中国と、日本はどう対峙していくのか。
800円

㉓アジア経済はどこに向かうか コロナ危機と米中対立の中で

末廣昭・伊藤亜聖 コロナ禍によりどのような影響を受けたのか。
800円

近代化遺産シリーズ

北九州の近代化遺産
北九州市地域史遺産研究会編　日本の近代化遺産の密集地・北九州市を門司・小倉・若松・八幡・戸畑5地域に分けて紹介。

2200円

産業遺産巡礼《日本編》
市原猛志　全国津々浦々20年におよぶ調査の中から、選りすぐりの212か所を掲載。写真六〇〇点以上。その遺産はなぜそこにあるのか。
2200円

九州遺産《近現代遺産編101》
砂田光紀
世界遺産「明治日本の産業革命遺産」の九州内の主要な遺産群を収録。八幡製鐵所、三池炭鉱、集成館、軍艦島、三菱長崎造船所など101施設を紹介。
【好評10刷】2000円

熊本の近代化遺産 上 下
熊本産業遺産研究会・熊本まちなみトラスト
熊本県下の遺産を全2巻で紹介。世界遺産推薦の「三角港」「万田坑」を含む貴重な遺産を収録。
各1900円

筑豊の近代化遺産
筑豊近代遺産研究会
日本の近代化に貢献した石炭産業の密集地に現存する遺産群を集成。巻末に300の近代化遺産一覧表と年表。
2200円

◆出版承ります
歴史書、画文集、句歌集、詩集、随筆集など様々な分野の本作りを行っています。ぜひお気軽にご連絡ください。
☎092（726）9885
e-mail books@genshobo.com

考える旅

農泊のススメ
宮田静一　農村を救うことは都市生活を健全にする。「長い休暇を楽しむために働く社会」にしませんか。
1700円

不謹慎な旅　負の記憶を巡る「ダークツーリズム」
写真・文／木村聡　「光」を観るか「影」を観るか。40項目の場所と地域をご案内。写真165点余と渾身のルポ。
2000円

イタリアの街角から　スローシティを歩く
陣内秀信　イタリアの建築史、都市史の研究家として活躍する著者が、都市の魅力を再発見。甦る都市の秘密に迫る。
2100円

近刊
＊タイトルは刊行時に変わることがあります

平島大事典　鹿児島の南洋・トカラ列島の博物誌　稲垣尚友【2月刊】

満腹の惑星　木村　聡【2月刊】

福祉社会学、再考　安立清史【4月刊】

却ってシラジラシイと感じてしまうことがある。

　地域柄か、仏式による葬儀に参列することが多いが、そこでは概ね開式を前にして、司会役の女性がこの日の葬儀が「○○宗○○派○○寺」の住職が導師となって執り行われるのだと紹介し、ここで頭を下げるとか、ここで合掌礼拝、念仏を唱えるとか、焼香の際、香を捧げ持ってはいけないとか、香を香炉へ運ぶのは三度ではなく一度だけにするとか、マニュアルにそって、その宗派の作法?をマイクを通して事細かく説明してみせるのである。これもビジネスなのだから致し方ないといえば、それはそうかも知れないが、私には何だか押し付けがましくて、余計なお世話だと思えてしまう。したり顔でちょっと上から目線で喋るのも気に入らない。

　以前、知人の父親が亡くなって、キリスト教会で行われたその葬儀に参列したことがあった。その折、喪主をつとめた知人が参列者に向かって、「私は仏教徒ですが、父はクリスチャンでした。ですから、皆様方におかれましても、どうぞそれぞれのご宗旨にのっとってご自由にお参り下さい」と言ったが、私もその通りだと納得した。キリスト教徒でもない私がそこで十字を切って「アーメン」などと言ったら奇妙であろう。

　要は各人各様、自分のやり方で死者に哀悼のまことを捧げればいいのである。人の「内心の自由」にずかずかと足を踏み入れてはいけない。そして、「葬儀屋」さんは、あくまでも「旅立ちのお手伝い」に徹するべきではなかろうか。

葬儀に先だって通夜の儀式もあるが、ここで行われる僧侶の「法話」もまたおざなりなものではなく、短くてもいいから心のこもったものであって欲しいと思う。死者をねんごろに弔うのは勿論であるが、悲しみにくれる遺族にもやさしく寄り添うものであってほしい。加えて、人間みな常に死と隣り合わて生きているということに思いを馳せる機会にもなればいいと願うのである。

死を考えるということは、とりもなおさず自分の生を考えるということにほかならない。近しい人の死を通して、命に限りがあることを改めて思い知らされ、人は残された時間が次第に少なくなっていく己の生をいかに生きるべきかを真剣に考えることになるだろう。そして、もしも死を彼方に追いやってしまうのであれば、それだけその人の生は薄っぺらなものになってゆくにちがいない。

二〇二〇年、新型コロナ・ウイルスが地球的規模で猛威をふるう中、ウイルス感染によって死に至る人たちも少なくない。そして、感染の拡大を防止するために、家族といえども死を目前にした患者を見舞うことも、そばにいてその死を看取ることも、遺体と最後の対面を果たすことも許されていない。葬儀すら行われないこともある。死者は納体袋に包まれて柩に納められ、葬儀業者の手で火葬場へと運ばれる。火葬の後、「骨揚げ」(収骨)や遺骨の運搬も業者が代行し、家の軒先まで届けて、遺族との直接の受け渡しを避けるケースもあるのだという。それほどやみくもに恐れる必要もあるまいと思ったりもするのだが、今日的情況を考えれば、これまたやむをえないことなのかも知れない。

しかしながら、コロナ収束後にも、こうした葬儀を省略してしまうなどという生活のスタイルが人々の間で当たり前になり、これまで行われてきた葬送儀礼がなおざりにされてしまうのは決していいことではないと思う。生存者の権利もさることながら、死者の権利はどうなるのか、死者の尊厳を踏みにじることになりはしないのかと憂慮するのである。むろん、今、生きている人たちの命を守ることは大事であろうが、ただ現在生きている者がよければそれでいいというわけにはいかない。今ある我々の命は、はたまた我々の暮らしは、死者たちが過去営々として働き築き上げてきたその歴史の上に成り立っていることを忘れるべきではあるまい。死を目前にした人を見舞って励まし、傍らにいてその死を看取り、遺体と対面し花など手向けて最後の別れを告げ、死者に最大限の敬意をはらい、心をこめて葬儀をとりおこなうことは、やはりこれからも昔と同様大切にされなければならないだろう。

二〇一四年一月十六日付の朝日新聞に、長野県松本市の神宮寺住職だという高橋卓志さんへのインタビュー記事が掲載されていた。

それは「故人は亡くなるまでの年月を精一杯生きた。そのことへの敬意を限られた時間で表し、心にちゃんとしまいこむ場、それがお葬式です」というものである。

また、『論語』の「八佾篇」には、

「子曰く、上に居りて寛ならず、礼を為して敬まず、喪に臨んで哀しまずんば、吾れ何を以て之を観んや」とある。

作家の高橋源一郎さんは、これを「……葬式に出てみたら、責任者のはずの人間が他人事みたいな態度をとり、現場を仕切っている人間はおろおろおたおた、そればかりか、出席している人間が誰も彼も哀しみの様子をみせていない。それでは、こちらもいたたまれません。そこには『礼』を知っている人間が誰もいない……」（『一億三千万人のための論語教室』河出新書）と解釈してみせている。

この二人の高橋さんの言葉を我々もぜひ心にとめておきたいものだ。

【命の受け渡し】

今一つ、曾子の「遠きを追う」という言葉、すなわち親や祖先に感謝することについても触れておかねばならない。

古来、人々は、毎年盂蘭盆会《うらぼんえ》には迎え火を焚いて、ひとときあの世から還ってくるという先祖を迎え入れ、やがて送り火を焚いて送り出す。盂蘭盆会とは、古代インドのサンスクリット語で「逆さ吊り」を意味する「ウランバナ」が語源である。そして、死んだ母親が餓鬼道に落ちて逆さ吊りの苦しみにあっていることを知った釈迦の弟子の目蓮が、供養してその苦しみから母を救い出したという話から始まったのが、盆の先祖供養だということになる。私の住む地域では、今も村中の黄檗宗の寺院で「施餓鬼」と呼ばれる供養が営まれ、寺の庭先では人々が集まって「盆踊り」が催されている。

またさらに、正月には、「年神さま」となって帰ってくる先祖の霊を、その依り代となる門松をたてて迎えるのである。ことほどさように、人々は先祖供養を欠かすことはなかった。ちなみに、年神さまとは、穀物の実りを助ける神のことである。

明治憲法下の旧民法では、家父長的家族制度が規定され、家族の頂点に戸主（家長）をすえて、彼に大きな権限を付与し、個人より「家」を単位にものを考え、それを継承・存続することが重視された。そして、その延長線上で先祖崇拝の道徳も説かれた。しかし、祖先に敬意をはらうこと、祖先に感謝することは、何も家父長制的な発想からのみ導きだされることでもないだろう。

生物学についてはまるで不勉強な私であるが、ものの本によれば、我々の身体は、約二千種類、約六兆個の細胞から構成されているのだという。そして、その六兆個の細胞のもとはたった一つの受精卵である。受精卵は細胞分裂を繰り返しながら、身体を構築してゆく。すなわち一つの受精卵から骨や筋肉、血液や脳、心臓や肝臓などの内臓がつくりだされていくのである。しかも、我々の命を誕生させるそのたった一つの受精卵が胎内に宿る確率も、ほとんど奇跡に近いと言っていい。そして、悠久の昔から、親から子へ、子から孫へ、孫から曾孫へ……と命の受け渡しがなされて、現在の私たちの命に繋がっているわけである。人の命は「授かりものだ」という言われ方がなされるのも、分るような気がする。

今のこの命を地球より重いもの、かけがえのないものだと言うのなら、命は悠久の過去を背負っており、その源である先祖を敬い、それに深く感謝を捧げるというのは、当然のモラルだということになるだろう。

今は今、昔は昔。先祖など関係ない、私は私で生きてゆくと言うのだとしたら、とんだ根なし草で、早晩枯れてしまうにちがいない。

【友の死】

自分自身がどのように死を迎えるのかという問題もさることながら、死出の旅路へ旅立ってゆく身近な人を見送るのは、なんとも辛くてやりきれない。

二〇二〇年七月二十五日夜九時近くに、透析を終えて帰宅し、遅い夕食をとろうとしていた時、電話のベルが鳴った。そして、私のもっとも尊敬する友・宮川憲一君の死を知らされた。

突然の訃報に号泣した。しばらく涙がとまらなかった。宗教学者だった岸本英夫さんが、その著書『死を見つめる心』（講談社）の中で、「死というものは、ひとたび来るとなると、実に、あっけなく来る。まことに無造作にやって来る。無造作であるばかりでなく、傍若無人である。死は、来るべからざる時でも、やってくる。来るべからざる場所にも、平気でやって来る……」と記しているが、まさしくその通りだ。

つい一ヶ月ほど前のことである。透析患者の私の身を案じて久しぶりに電話をくれ、しばらく話し込んだのだが、その折、別れ際に私が「近々また逢いたいね」と言うと、「早く来ないと死んじゃうよ」と冗談交じりに返してきたのだった。確かに互いに歳を重ね、互いに病を抱えている身だから、ついそんな言葉も出てこようというものだが、まさかこんな早くにそれが現実になろうとは考えてもみなかった。人は逢いたい時に、逢える時に逢っておかなければならないのだと改めて思う。

宮川憲一君とは、一九六三年（昭和三十八年）にワセダで出会った。彼が二十四歳、私が十八歳の時であった。彼はもうすでに慶応大学の経済学部を卒業していて、またあらたに東洋史（中国史）を学ぶためにワセダに入学してきたのである。学識豊かで、何をするにも常にクラスのリーダー的な存在だった。大学二年生の時だったと思うが、当時まだ国交のなかった中国から学術代表団を日本に招請する運動に参画し、ワセダでもその講演会を開催するために彼は奔走した。私もはじめて来日する中国の学者たちのいわば「付き人」みたいな役を仰せつかり、連日お茶の水の旅館に泊まりこんで手伝いをさせてもらったが、それに取り組む彼の姿勢は時に大変厳しく、怖いほどの迫力を感じるのだった。三年時の大学祭では、彼の書き下ろしになる脚本で演劇に挑戦した。タイトルは未だ想い出せないのだが、私は主役の「満州国」皇帝・愛新覚羅溥儀を演じることになって、宮川君に小言を言われながら、長い長いセリフを覚えさせられたことを記憶している。

よく彼を先頭に新宿の街へ繰り出し、「テアトル新宿」で映画を見たり、「末広亭」で落語を聞いたりした。また、浅草にも出かけた。当時大宮デン助というコメディアンがいて浅草を中心に活躍していたが、彼の主宰する「デン助劇場」で芝居を観たりもした。

むろん、日々遊び呆けてばかりいたわけではない。ベトナム戦争反対のデモに参加したり、大学で「学費の大幅値上げ」と「学生自治を無視した学生会館の管理運営」の問題をめぐって一五〇日間にわたって学生たちの闘いが繰り広げられた折には、大隈重信の銅像近くにテントを張って座り込み、大学当局に抗議の意志表示を行った。また、越後田中（新潟県）の信濃川沿いにある鄙びた温泉宿に数日間泊まり込み、宮川君指導のもと卒業論文を書くための勉強会をやったりもした。貧乏学生だった私は、おカネがなくなれば、ある時払いの催促なしで彼から借金をして命を繋いだ。そして、戸塚四丁目にあった彼の下宿にはよく泊めてもらって、夜の更けるまであれこれと話し込んだ。私にとっては、これが大学での講義以上の学びの場であったのかも知れない。彼は常に私に向って、「それでお前はどうなんだ」と問いかけた。何事にあっても私の「主体性」を問題にし続けたのである。今となってはどれもこれもが懐かしい青春の想い出の一ページである。

大学を出てからの宮川君は、葛飾区堀切にある天祖神社の神職を務めていたが、そのかたわら陶芸の道をも極めた。柳宗悦によって始められた民芸運動に以前から共鳴していた彼は、あちこちの窯場を訪ね歩いていたというが、人間国宝の田村耕一氏（陶芸家）に私淑し、やがて自宅に窯を築いて、日本の伝統的な釉薬等を用いて焼きものを始めたのである。私も民陶の小石原焼や小鹿田焼の窯元めぐりに同行したことがあるが、彼の焼きものに対する造詣の深さには驚かされた。と言っても、彼が芸術家を気取っていたわけではない。職人の技に敬意をはらい、その知恵に学んで、「自分の焼きものは美術品ではないので、使えなければ意味がない。自分は生活全体が総合芸術だと考えているので、丈夫で役に立ち、そして美しいものをつくり続けたい」というのがいつもの彼の口癖であった。

宮川憲一君はさらに、永年にわたって保護司をも務めた。そして、東京都保護司会連合会々長であり、全国保護司連盟副会長でもあった。

言うまでもなく、保護司は、罪を犯してしまったり非行に走ってしまったりした人たちの更生を助けること、また犯罪を予防するための世論の啓発に努めることがその任務であるが、刑期を終えて社会に復帰し再出発しようとする人たちを応援するためのポスターに、

郵　便　は　が　き

料金受取人払郵便

福岡中央局
承　認

59

差出有効期間
2024年6月
30日まで

(切手不要)

810-8790

156

福岡市中央区大名

二－二－四三

ELK大名ビル三〇一

弦　書　房

読者サービス係　行

通信欄

年　　月　　日

このはがきを、小社への通信あるいは小社刊行物の注文にご利用下さい。より早くより確実に入手できます。

お名前

（　　歳）

ご住所

〒

電話

ご職業

お求めになった本のタイトル

ご希望のテーマ・企画

●購入申込書

※直接ご注文（直送）の場合、現品到着後、お振込みください。
送料無料（ただし、1,000円未満の場合は送料250円を申し受けます）

書名	冊
書名	冊
書名	冊

※ご注文は下記へＦＡＸ、電話、メールでも承っています。

弦書房

〒810-0041　福岡市中央区大名2-2-43-301
電話 092(726)9885　FAX 092(726)9886
URL http://genshobo.com/　E-mail books@genshobo.com

大きく「おかえりなさい！」の文字を書き入れることを提案したのは、ほかならぬ宮川君であったという。人は己の弱さのゆえに過ちを犯す。彼は保護司という仕事を通して、自分の弱さに負けてしまった人たちを温かく包みこみ、支え合い分かち合う社会の実現を願って徒労にも似た努力を積み重ねていたのだと思う。まさに『論語』にいう「仁」の心をここにみる想いがする。

私は、大学卒業後も、上京するたびに彼を訪ねた。いや、彼に逢いたくて何かと東京へ行く機会をつくってきたと言ってもいいのかも知れない。ただ逢ったからと言って、あれこれと相談を持ちかけるというわけでもなく、ちょっとばかり近況報告をして、あとはもっぱら彼の話に聞き入るのだ。そこには生きてゆく上での様々なヒントがあるように思えて、私は彼の話を聞きながら、自分の立ち位置はどうなのか、自分のやろうとしていること、進もうとしている方向はこれでいいのか、それを確認してみるのである。彼はまぎれもなく私の人生の師匠であり、道標であった。

そういえば、私の結婚式にも駆けつけてくれた。その折、ハンセン病の歌人・明石海人の歌集『白猫』の中の一節「深海に生きる魚のように、自らが燃えなければ何処にも光はない」という言葉を引用してスピーチをしてくれたことを想い出す。結婚式には些か似つかわしくない言葉だったかも知れないが、当時、まだ東京に残ってやってみたいことがあったのに、親の説得を受け入れてややうらぶれた気分で帰郷した私だったが、そんな私を励ましてやろうという彼の想いやりだったのであろう。溜まり水のように遅々として動かない現実に絶望するのではなく、現実を変革可能な対象としてとらえなおして希望をもってチャレンジしてみろ、そのためにはまず自分自身が燃えるしかないと彼は言いたかったのだと思う。

そんなかけがえのない友であった彼が、いまや帰らぬ人になってしまった。聞きたいことはまだ山ほどあった、もう一度だけでもいいから逢いたかったが、とうとうそれも叶わぬことになってしまった。すぐにでも上京して遺体と対面し、せめて別れの言葉を告げたいとも思った。しかしながら、コロナ禍の中、病院通いの私にはそれは許されないことだという。ほんとうに残念でならない。

彼の訃報が届いた夜、眠られないままに、泣きながら彼に手紙を書いた。その手紙は、葬儀に参列した友人の手で柩に納めてくれたと聞く。ただ私は手紙に「サヨナラ」とは書かなかった。「また逢おう」としたためた。死後、また次の世界があるのだとしたら、ぜひ逢いたいと思う。

きっと彼のことを忘れることはないだろう。私にとって宮川憲一という存在は永遠である。

礼楽一致

14 子曰く、人にして仁ならずんば、礼《れい》を如何せん。人にして仁ならずんば、楽《がく》を如何せん。

子曰、人而不仁、如禮、人而不仁、如楽何。

――八佾篇――

他人に対する思いやりの情がない者が、礼を習って高尚な理屈を言い、いろいろな作法を知ったとしても、それに何の意味があろうか。また人間らしさに欠けた者が、音楽をやりたいなどと言って、優れた技巧でどれほど美しい音色を奏でたところで、それに何の意味があろうか。孔子は「礼楽一致」、その根底に「仁」がなければならない、つまりハートが問題なのだ、と弟子たちに諭したのである。

【孔子は音楽通だった】

『論語』の「泰伯篇」には、「詩に興り、礼に立ち、楽に成る」という言葉もある。これは、詩を学ぶことによって、心を奮い立たせ、礼を学ぶことによって、人間としての行いを確立し（礼儀作法を身につけ）、音楽を学ぶことによって心を養い、素晴しい人間になる、という意味であろう。

ここでいう「詩」とは、中国最古の歌集『詩経』を指すが、孔子はそれについて「詩三百、一言以てこれを蔽う。曰く思い邪なし」（為政篇）と言い、『詩経』には三百余の詩が載っているが、その内容を一言でいうと、どれも心に邪念がないと評している。それゆえ、人は、先ず人間の心情の発露であるそれらの詩を学ぶことによって感動し発奮することが大切だというのだ。さらに、次には「礼」を学ぶべきだという。礼とは広く社会の秩序を維持するための規範、法則であるから、それを学ぶことによって、人は自らのうちに道徳性を身に着け、人間社会が調和のとれた状態になると孔子は考えたのである。そして、最後に音楽を学べという。なぜなら、音楽は人の心を和やかにし、情感を豊かにして、人間性を美しくまとめるものだと捉えたからである。音楽の演奏を聞くことによって人間としての教養は完成すると訳す人もいる。他人を思いやる心を持つこと、即ち「仁」を説き、調和のとれた人間関係を大事にしようとした孔子ならではの発想だということができよう。

このように、我々が孔子に対して抱きがちな印象とはいささか異なって、彼は音楽を好み、また音楽への造詣の深い人であったことが窺い知れる。

『論語』の「八佾篇」に、

「子曰く、関雎《かんしょ》は楽しみて淫せず、哀しみて傷《やぶ》らず」

とある。

「関雎」とは、管弦の伴奏につれて唄われた『詩経』の中の楽曲であるが、それを聞きながら、孔子は「楽しみながら楽しみに溺れず、哀しみながら哀しさにくじけないという曲だね」と評したのである。

また、「述而篇」には、

「子、人と歌いて善きときは、必ず之を反《かえ》さしめて、而る後に之に和す」

とも記されているが、孔子は人の歌を聞いて、「いいなあ」と感じれば、すぐにもう一度繰り返して歌ってもらい、その後に自分も和して一緒に歌い、その歌の中に溶け込んでいったというのである。孔子の音楽通を彷彿とさせる文章ではないか。

【音楽のはじまり】

それにしても、音楽はどのようにして生まれたのであろうか。

その起源については、「小鳥のさえずりなど動物の鳴き声を真似ることからはじまった」という人がいたり、「言葉の強弱や高低からうまれた」という人がいたり、「歩いたり、石器を作ったりする時のリズムからはじまった」という人がいたり、「遠くに信号を送る時に音を出したものから楽器がうまれた」という人がいたり、「神に向かって雨乞いをするときなど、願いを強く表現したい時にうまれた」という人がいたりして、実にいろいろである。

ともあれ、最初の音楽はおそらく歌声ではなかったか。抑揚をつけて言葉を唱えたり、高まる感情をほとばしらせたりして、それが歌声となり、あるいはその歌声に手拍子が加わったりして、それをきっかけに打楽器がうまれ、やがて管楽器、さらには弦楽器が作られるに至ったのではないかと思われる。そして、時代によって、地域によって様々な音楽が誕生し、人々の暮らしになくてはならないものになっていったのである。

孔子の時代の音楽は、まず歌声があり、いくつかの打楽器があり、いくつかの管楽器があり、さらにいくつかの弦楽器があって、リズムとハーモニーをそなえたオーケストラだったということらしい。そんな中で、孔子は琴の名手で、瑟《しつ》という二十五弦の大きな琴のような楽器や七弦の琴を演奏したという。また、作詩や作曲をも手がけたと伝えられている。

私には音楽の歴史に関する知識はまるでないが、西洋には古代ギリシャの昔から現代に連なる音楽史があったであろうし、また、日本では、縄文遺跡からは土笛が、弥生時代の遺跡からは銅鐸、和琴などの楽器が出土し、考古学的な発掘調査によって、邦楽の歴史の一端を窺い知ることが出来る。

人は音楽によって心和み、癒される。あるいは音楽によって心を奮い立たせ、勇気づけられることもある。また、音楽を聞きながら、人はイマジネーションの世界を果てしなく広げていったり、自分の人生と重ねながら時に涙したりすることもある。

といって、むろん音楽がいいことずくめだと言うわけではない。功罪は相半ばしている。勇ましい軍歌にみられるように、音楽がかつて国威発揚、侵略戦争遂行のための道具として利用されてきた歴史があることも我々は忘れてはなるまい。

孔子の言うように、そこに「仁」がなければ、音楽も何ら意味を持たないということなのだ。

ここで少々話が飛んでしまうのだが、我々は、一九九九年に「豊前市芸術文化振興協会」

なるものを発足させた。
市内の文化施設が老朽化する中、文化果つるうらぶれた地のごとく周囲に受け止められてきたのだったが、立派なハコモノがありさえすればそれで文化都市と言えるのかといえば、決してそうではない。文化を支えるのはほかならぬ人である。「ボロは着てても心は錦」というではないか、そんな思いから、一念発起、行政の支援も得て、新たな自主文化事業を思い立った。

旧豊前国には、江戸の昔から「岩戸神楽」が伝承されていて、このほど国の重要無形民俗文化財の指定を受けたのだが、従来その神楽は、笛や太鼓などの素朴な囃子に乗せて、おもに春や秋に農耕儀礼の一つとして舞われてきた。それをジャズ・バンドの演奏にあわせて演じてみてはどうかと考えたのである。いわば「ジャズ神楽」をやってみようというのだった。音楽にド素人の人間ならではの神をも畏れぬ発想であろう。そこで、伝統神楽を舞っている「神楽講」の中から若手を募って新たな神楽集団をつくり、市内で活動するジャズ・バンドや和太鼓のグループの演奏にあわせて、記紀神話や故郷に伝わる民話を題材にした神楽を創作することになった。なかなかの出来栄えで、好評を博した。爾来、そこに市内のバレエ・スクールのメンバーも加わり、箏や尺八の参加もあって、和の文化と洋の文化とのコラボレーションによる我がふるさとならではのステージがつくり上げられたのである。これまでにたびたび県民文化祭にも参加をしてきたが、これはこれで、新たな地域文化の創造だと胸をはっているところである。

【わが家族にとっての音楽】

私事であるが、私には二人の倅がいる。

長男は名を「樹人《しげと》」という。私が尊敬する中国の文学者・魯迅の本名・周樹人から頂いての命名である。

二男は「聖文《きよふみ》」という。彼が生まれたのが五月八日で、この日、私の暮らす地域では、月遅れで釈迦の生誕を祝って花祭りが行われ、人々に甘茶が振る舞われたりする。釈迦は世界三大聖人の一人とされるから、「聖」の一文字をもらい、それに当時柄にもなく小説を書くことを夢見たりしていたので、「文」の一字を加えて倅に期待感を示した次第だ。

二人とも親には似ず、音楽好きである。

長男はU2のファンである。U2とは、一九八〇年にデビューしたアイルランドのロック・バンドだ。四人のメンバーからなるが、彼らは世界に渦巻く様々な社会問題に目を向け、アパルトヘイトをはじめとする人権問題や核兵器廃絶などメッセージ性の強いものを楽曲のテーマとし、また露骨な商業主義を排する姿勢を貫いていて、そのスタンスから世界中に多くのファンを持っているのだという。

長男は、U2のコンサートが開かれれば、それが何処であろうと万難を排して必ず駆けつける。そしてついには、メンバーのボノさんに逢いたくて、アイルランドまで出かけていってしまう始末である。

U2の楽曲がどれほどに素晴しいものなのか、私は知らない。ただ、まずは社会的弱者に寄り添おうとする彼らの生き方に共鳴するものがあっての大ファンなのだろうと思う。

また、長男は新井英一さんのファンでもあり、もう十年近くにわたって毎年自らが主催して新井さんのコンサートを開き続けている。

新井英一さんは、一九五〇年、福岡市生まれ。在日韓国人一世の父と日朝ハーフの母をもつ自称「コリアン・ジャパニーズのブルースシンガー」である。父親は結核におかされて早くして他界、廃品回収業を営む母親の手ひとつで育てられ、貧困、そして差別、いじめに苦しみながら少年時代を過ごすのである。十五歳の時に家出をし、荒んだ放浪生活の末、二十九歳で歌手デビューを果たしたという。

コンサートには毎回百人余の人たちが集まってくれるが、新井さんはコンサートの最後に、ギターを奏でながら、いつも決まって『清河（チョンハー）への道』を歌う。

「アジアの大地を見たくって、俺は一人旅に出た。玄界灘を船で越え、釜山の港を前にして、夜が明けるのを待っていた。釜山の街でバスに乗り、海雲台《ヘウンデ》の海を見た。ここが父親のふるさとと、思えば、道行く人たちの、顔が何やら懐かしい……哀しい時代があったことを俺は忘れちゃいないけど、過去を見ながら生きるより明日に向かって生きるのが、人の道だと気がついた。アリアリラン、スリスリラン、アラリヨ、アリラン峠を俺は行く……」

歌は、朝鮮半島から日本に渡り不遇のうちに死んでいった親父の故郷を訪ねるところからはじまり、それまで生きてきた自分の人生をふりかえる。全四十八番、それをすべて歌いきるには四十五分かかるという長い長い曲だが、全身から絞り出すような太くしわがれた声で、その一部を歌って聞かせてくれるのだ。これには私もつい涙ぐんだりしながら聴き入ってしまう。むろん、ここで彼は日本による母国の植民地化を非難したり、韓国・朝鮮人を差別する日本人に対して恨みがましいことを言ったりしているわけでは決してない。ただ、彼の歌声を聴きながら、私なりに在日コリアンの人たちの苦悩に思いを巡らせて、胸が熱くなってしまうのである。

一方、二男は、パンク・ロックが好みである。

パンク・ロックというのは、一九七〇年代末に発生したロックのスタイルとのことで、アメリカで産声を上げ、イギリスに渡ってロックの新時代を築いたという。そして、そのイギリスの影響を受けるかたちで、日本でも次々にパンク・ロック・バンドが結成されていくことになったらしい。

二男は、自らパンクのバンドを立ち上げ、そのボーカルを担当するなどして、彼のパンクへの傾倒ぶりは尋常ではない。また、音楽雑誌に寄稿したり、音楽本を出版したりして、フリーライターらしきものを生業としたりもしている。彼の文章を読んでみても私にはチンプンカンプン、殆ど理解不能。むろん、そこに人権や平和といった問題に対するメッセージ性を読みとることはできるが、ライブでの衣裳もメイクアップもとても爽やかとは言えないし、パンクの何たるかは未だ分らずじまいである。

ただ、彼の生きざまを見ていると、兄とほぼ同様に、社会の在りようを真面目に考えながら、弱い者に寄り添って歩いてゆこうとしているのは間違いないと思う。遠く離れて暮らしているので、時折どうしているだろうかと案じられて電話をしてみたりもするが、受話器の向こうから聞こえてくる穏やかな話しぶりに、彼の優しさが伝わってきてホッと心が和むのである。

まあ、息子たちには息子たちなりの人生があり、今更この私に何を言うことがあろうか。たとえ言いたいことがあったとしても、そこは我慢、がまんである。

では、私自身にとって音楽とは何だったのか。

私が生まれたのは一九四四年、終戦の前の年の暮であった。したがって、文字通り敗戦による混乱の真っ只中に小学校へ入学することになったのである。物資は不足し、多くの家庭が貧乏な暮らしを余儀なくされていた。我が家には小学校高学年までラジオもなかった。むろん、レコードを聞くということなどあろうはずもない。それゆえ、音楽とかかわることができたのは、わずかに学校での音楽の授業に限られていた。

初めて手にした楽器はカスタネット、続いて竹製のたて笛（今はリコーダーなどと洒落た呼び方をする）。高学年になって母にハーモニカを買ってもらったときは大喜びだった。しかし、不器用な私は、繰り返し教えられても、なかなか音符が読めず、どの楽器も上達がままならなかった。そんな私に苛立つ先生からはしばしばお叱りを受け、時折ヒステリックになって往復ビンタの体罰を食らったりもした。中学に入ってからは、音楽の時間に私の授業態度が悪くて、廊下に立たされたりすることもままあった。

そして、私はだんだん音楽の時間が嫌いになり、音楽そのものからも遠ざかっていくのだった。

もちろん、青春時代には人並みに流行りの歌謡曲を覚えて口ずさんだり、社会人になってからはクラッシック音楽のレコードを買い集めたりして、田舎文化人を気どってみたりもしたが、色んな楽器が奏でる音色や歌声の美しさに感動することはあっても、所詮音楽の世界にどっぷりは浸るということはなかった。今も、自ら進んでマイクを握ることはあまりないが、酒の席などで適度に酔いがまわると一曲披露したりもする。河島英五さんの歌う『時代おくれ』が好きだ。

「一日二杯の酒を呑み、肴はとくにこだわらず。マイクが来たなら微笑んで、十八番《おはこ》を一つ歌うだけ。妻には涙を見せないで、子どもに愚痴を聞かせずに、男の嘆きはほろ酔いで、酒場の隅に置いていく。目立たぬように、はしゃがぬように、似合わぬことは無理をせず、人の心を見つめ続ける、時代遅れの男になりたい……」

なかでも「昔の友には優しくて、変わらぬ友と信じ込み、あれこれ仕事もあるくせに、自分のことは後にする」というくだりが特に気に入っている。

それにしても、私の歌う歌は暗いなあと思う。否、私が好んで歌うものに限らず、日本のいわゆる「演歌」はおしなべて暗いのだ。怒りや苦しみ、哀しみを内へ内へと向け、それらを自分の胸の中にしまい込んでじっと耐えているような気がする。

随分と古めかしい歌で恐縮だが、その昔『北の宿から』という歌があった。「あなた変わりはないですか、日毎寒さが募ります。着てはもらえぬセーターを寒さこらえて編んでます。女心の未練でしょうか、あなた恋しい北の宿」というやつである。そういえば、「北風吹きぬく寒い朝も心ひとつで温かくなる」という歌もあった。何ともいじらしいフレーズである。

しかしながら、もしも日本人の多くが、一事が万事、このような心境の底に沈んでいるとしたら、「じっと我慢の子」であり続けようというのなら、そこからは現状を変革し新たな未来を創造するようなパワーは湧いてこないだろう。そして、こうした日本人の「お行儀の良さ」をいいことに、権力者はそこに胡坐をかくことになるのである。

多くのファンをもつ音楽のジャンルの一つにジャズがあるが、それは、一九〇〇年頃、アメリカ南部の港町ニューオリンズで生まれたもので、まさに日本の演歌の対極にあるもののように思う。

奴隷としてアフリカの地から騙されカネで買われてやってきた黒人たちは、競売にかけられ、おもにアメリカ南部の綿花地帯でその労働力として過酷な労働を強いられる。南北戦争を経て奴隷解放を勝ち取り、漸く自由を手に入れたのであるが、彼らの多くは生きるために酒場やダンスホールに仕事を求めた。そして、そこでBGMとして歌ったり、楽器を演奏したりして生活してゆくことになる。それがジャズのはじまりだという。

だから、ジャズには当然のことながら黒人たちが奴隷時代に虐げられてきたことへの怒りや抵抗の気持が込められていて、それが音楽というかたちで外に向かって溢れ出し、躍動感あふれるものになっていったと考えられる。

我々日本人も、もっともっと怒りや苦しみ、哀しみを外へ向けて爆発させてみてもいいのではあるまいか。

ところで、最近、私の中では、歌手の中島みゆきさんの歌う『時代』のフレーズがなぜだか繰り返し蘇ってくる。

「今はこんなに悲しくて、涙も枯れ果てて、二度と笑顔にはなれそうもないけど、そんな時代もあったねと、いつか話せる日が来るわ。あんな時代もあったねときっと笑って話せるわ。だから今日はくよくよしないで、今日の風に吹かれましょう。まわる、まわるよ、時代はまわる…」

味わいのある歌詞だと思う。くよくよしながらも、今日の風に吹かれているだけの私だが、ホントに「時代はまわる」のか、いや、前へ進むのか。果たしてこの命が終わらぬうちに、「あんな時代もあったね」と、「笑って話せる」日が巡ってくるのか、はなはだ疑問である。

他人を思いやる心

15 子曰く、仁遠からんや。我仁を欲すれば、斯《ここ》に仁至る。

子曰、仁遠乎哉、我欲仁、斯仁至矣。

―述而篇―

仁は私達から遠く隔たった所にある者ではない。自らすすんで仁を求めれば、仁は必ずすぐ目の前にやってくる。いいかえれば、仁という徳は、おのれの心の中にあるのであり、仁を求めて心が動けば、もうすでにその入口に立っているという意味である。

仏教に、「発心直到《ほっしんじきとう》」という言葉がある。心にそう願ったとき、もうその境地に至っているというのだ。

16 子曰く、苟《いやしく》も仁に志せば、悪《あ》しきこと無きなり。

子曰、苟志於仁矣、無悪也。

―里仁篇―

もしも、世の中の人たちが、仁という徳を目ざして努力しさえすれば、この世に悪い事などなくなるだろう。みんなが思いやりの心を大事にするなら、ずるいことを考えたり、悪事を働いたりする人はいなくなるに違いないという意味である。

17 子曰く、仁に当りては、師にも譲らず。

子曰、當仁不譲於師。

―衛霊公篇―

仁という徳については、遠慮なく実行し、たとえ師匠といえども譲ることがあってはならない、仁は人としてもっとも大切なものなのだから、と解釈することができよう。

18 子貢問いて曰く、一言にして以て終身之《しゅうしんこれ》を行うべき者有りや。子曰く、其れ恕《じょ》か。己の欲せざる所、人に施《ほどこ》すこと勿《なか》れ。

子貢問曰、有一言而可以終身行之者乎、子曰、其恕乎、己所不欲、勿施於人也。

—衛霊公篇—

孔子に弟子の子貢が、「ただ一言で、生涯実行する価値のあるよい言葉はないでしょうか」と質問をした。それに対して孔子は、「それこそ恕という言葉だ。自分が人からされたくないと思うような嫌なことを他人に押しつけないということだ」と答えたのである。「恕」とは、思いやりの心が実際の行為として表われることを意味している。

【仁から遠い悲しい現実】

このように、孔子は繰り返し「仁」という言葉を使っている。数えてみたことはないが、きっと『論語』には百回以上この「仁」の文字がでてくるのではなかろうか。それほどに、孔子にとって「仁」はとりわけ大切な徳目だったわけである。

そして、「仁」とは、「他人を思いやる心」、「弱者に寄り添おうとする心」、また人間の多様性を認めつつ「支え合い分かち合って共に生きようとする心」だと理解してもいいのではないかと思う。だとしたら、これを否定し、そこに異論を差し挟む者などいないだろう。

さて、孔子がひたすら「仁」を求め続けたことはいうまでもないが、ただ、現代を生きる我々にあって、その「仁」はどうなっているのかを問うてみなければならない。

とても悲しい現実がある。

アメリカのシンクタンクが世界四十七カ国を対象に、各国の社会的傾向として「政府は自分で生活できない人を救うべきか」という問題について調査を行っている。それによると、「救うべきだと思わない」と回答した人が、ドイツでは七%、イギリスでは八%、イタリアと中国では九%、アメリカでは二十八%。そして、日本は何と三十八%の人が「救うべきとは思わない」と答えていて、最下位であったというのである。

また、インターネット情報であるが、これにもがっかりさせられる。

イギリスのチャリティー機関「チャリティー、エイド・ファンデーション（CAF）」は、二〇〇九年以来毎年、世界の国々を対象として、人々の寛容度（人助け度）を調査し、その結果を「世界人助け指数」として発表してきた。そして、そのCAFが、二〇〇九年から二〇一八年までの十年間、一二五カ国以上の国々で、一三〇万人以上の人たちにインタビューを行ない、その調査データをもとに総合ランキングを紹介している。調査は、「この一カ月間、見知らぬ人、あるいは助けを必要としている見知らぬ人を助けたか」「この一カ月間に寄付をしたか」「この一カ月間ボランティアをしたか」という三つの観点から行われ、各国の寛容度を採点したものだという。結果は、日本にとって実に惨憺たるもので、何と一二六カ国中一〇七位、いわゆる「先進国」と言われる中では最下位であった。なかでも注目すべきは、「見知らぬ人、あるいは助けを必要としている見知らぬ人を助けたか」という観点では、日本は一二五位と世界最下位だったということである。

ちなみに、一位はアメリカ、二位はミャンマー、三位はニュージーランド、四位はオーストラリア、五位はアイルランド、六位はカナダ、七位はイギリス、八位はオランダ、九位はスリランカ、十位はインドネシアと続いている。

むろん、これらの調査だけをもって、自分の国をダメな国だと思いたくはない。ただ、二〇一九年十月、台風十九号「ハギビス」が日本を通過中、東京台東区の避難所が「ホームレス」の被災者の受け入れを拒否した。そして、そうした行政の対応に賛同する声が少なからずあったことなどを思い起こせば、日本が「仁」から遠く離れた「冷たい国」だという印象はやはり拭いきれないのではなかろうか。

【人工透析患者になって】

二〇一六年九月、元フジテレビアナウンサーの長谷川豊なる人物が、インターネットのウェブログに「自業自得の透析患者は、全員実費を負担させよ。無理だと泣くならそのまま殺せ。今のシステムは日本を滅ぼすだけだ」と書き込んで話題になった。「殺せとは暴言ではないか」と抗議されると、「保育園落ちた、日本死ね」という言葉が許されたのだから、自分の発言に問題はないと開き直った。

彼のこの主張は、あるとき人工透析を担当している医師と話す機会があり、その折「透析患者は遺伝的疾患の場合もあるが、大半は自業自得の食生活と生活習慣が原因だ」という話を聞いて、それを根拠にしたものとのことで、日本の医療保護制度が危機的であることを憂慮して書いたものだという。

たしかに、いかなる病気にも「自業自得」と言われても致し方ない側面があるかも知れない。そして、彼のいう「自業自得」の人工透析患者は、透析をはじめた途端に「障害者一級」となり、医療面での保護をはじめ様々な優遇措置が受けられることになる。それが、「健康保険」など日本の社会保障、社会福祉にかかわる制度を揺るがす一因であるのも間違いないと思う。

「日本透析医学会」のホームページで公開されているデータによると、人工透析に至った原疾患は、「糖尿病性腎症が三八・一%、慢性糸球体腎炎が三二・三%、腎硬化症が九・一%」(二〇一四年末時点)となっている。ただ、それがすべて「自業自得」だと決めつけてしまえるかどうかは疑問である。

私の場合、「腎生検」という厄介な検査の結果、腎機能が半分以下に低下していることを知らされ、軽度の腎硬化症との診断を受けたのが、一九九五年一月のことであった。長期にわたるストレス、それに伴う高血圧が原因なのだという。それ以来、十四年間近く、月に一度の通院と投薬、食事療法を続けてきたのだったが、数値一・五以上は要注意、三以上は要対策とされる血液中のクレアチニン(老廃物)の数値が九・八六にも達し、二〇〇九年二月、ついに人工透析を開始せざるを得ない状況に立ち至ったのである。六十四歳のときであった。

当初、私は自宅にいて自分の手で出来る「腹膜透析」と呼ばれる療法を選択した。今しばらく、歴史資料館での仕事を続けていたかったからである。

腹膜透析とは、まず腹部を三か所切開して穴をあけカテーテル（柔らかいチューブ）を埋め込む。そして、切開した箇所の一つ、臍の左上一〇センチメートルほどの処からカテーテルを外に出し、そこから透析液を出し入れするわけである。腹膜に囲まれた腹腔内に透析液を注入し、一定の時間貯留している間に、腹膜を通して血中の不要な老廃物や水分を透析液に移行させ、後にその液を体外に取り出して血液を浄化するのである。

病院での夜は永くて、なかなか眠れないままにヘタな歌を詠んだりした。


「十余年食養生の甲斐もなし　透析の日ついに来たれり」

「これからは弱者の視点忘るなと　障害者手帳われに交付さる」

「夜なべして友らが折りし千羽鶴　病床の吾をはげましており」


腹膜透析の療法は三年間続いた。しかし、二〇一二年の年明け早々、カテーテルの出口部から細菌が侵入し、出口部が化膿し、やがて赤く腫れ上がって痛みを伴うようになり、高熱を発して、腹膜炎を発症してしまったのである。正月明け、病院へ駆け込んだのだったが、もはや手遅れで腹膜透析は不可能。夜間の緊急手術となった。

そして、カテーテル除去の手術から二週間後、今度は「血液透析」を行うために、動脈と静脈とを繋ぎ合わせて血流量の多い太い血管（シャント）を作る手術が行われた。その後十日ほどして、退院が許される。

血液透析では、患者の腕に針を刺して血液を体外に導き、ダイアライザーと呼ばれる透析器を通す。ダイアライザーには毛細血管一～二万本を束ねたような細い管が通っていて、この管の中を血液が流れ、外側を透析液が流れるようになっている。細い管の壁を挟んで血液と透析液が接すると、血中の老廃物や不要な水分は壁を通過して透析液中に移り、逆に透析液中のカルシウムや重炭酸など、身体に必要な成分が血液中に移るという仕組みになっているのだという。むろん、医療に疎い私などには、医学書を読んで仕入れた知識に過ぎず、分かったようでよくは分からない話である。

血液透析になって、いま九年目を迎えている。週三回、一回五時間、病院のベットに横たわっての透析である。食事はしっかりとっても、水分は控えめにと言われる。腎臓がまるで機能していないのだから、体内に入った水分は出口を失ってしまう。以前その水が肺に溜まって呼吸困難になったことがあったりもしたが、私にとって水分制限はいささか辛いものがある。冷たい生ビールのグラスを傾けて、のど越しを楽しんだ昔がちょっとばかり懐かしい。それにしてもベッドの上での五時間は永い。ほとんど備え付けのテレビを観て過ごす。フーとため息をついて透析室に入る。そして、あと残り一時間になったとき、ああ、これで今日も何とか乗り切ることができたかと、ホッとするのだ。

人はみんな、この世でいちばん大変な思いをしているのは自分だとつい思ってしまうものだが、他人の目からはどうであれ、この「腎機能障害」という病は、私にとっては、結構厄介な「障害」だと思っている。透析が永くなれば、合併症への不安も募る。心不全、心筋梗塞、脳血管障害、貧血、カリウム多量摂取による突然死等々、透析にかかわる合併症は数え上げたらきりがない。また、次第に骨がもろくなり、骨折しやすくなって、関節痛にも悩まされる。透析患者は食事でカルシウムをとっても、それは吸収されない、一方、殆どの食物に含まれるリンは体内に溜まってゆく。そして、カルシウムとリンとのバランスが崩れると、副甲状腺ホルモンが大量に分泌され、不足しているカルシウムを補うために、自分の骨の中のカルシウムを溶かし始めるのだという。

ただ「闘病」などという言葉は当てはまらない。この病と闘っても勝ち目はないからである。また、病気に甘えてはいけないとも考えている。ただ現実を受け入れ、それに耐えて病とうまく付き合っていくしかないのだ。

ところで、私には、中学、高校、大学が一緒で、とりわけ大学時代には東京練馬の四畳半のアパートで一緒に暮らしたことのある友人がいる。その彼から、あるとき、「腎移植をするのなら、俺の腎臓を一つやってもいいぞ」という申し出を受けた。また、京都大学の山中伸弥教授がiPS細胞の研究でノーベル生理学・医学賞を受賞すると、「これからは再生医療の時代だから頑張って生きろ」との電話をくれたりもした。むろん、簡単に腎移植を決断することにはならなかったし、再生医療もまだ私の手の届くところにはないが、彼の思いやりの気持にはホントに感謝、感謝である。

ともあれ、今は、良き医師と優しい看護師に我が身を任せて人工透析をして命を繋いでゆけるのだから、それに感謝をし、幸せを歓ばなければならないと思う。

さて、先の長谷川豊さんのブログの件に話を戻すと、私は、自分たち透析患者が医療保護制度のお荷物になっていることは承知している。そして、勿論のこと、医療をはじめとする様々な面での手厚い保護に感謝しこそすれ、それを当たり前だと思ったことなど毛頭ありはしない。もし健康保険が適用されなかったら、支払わねばならない医療費は膨大であり、我々庶民はもう坐して死を待つしかないのである。

ただ、長谷川さんのように「自業自得の透析患者は殺せ」と言われてしまうと、やはり脳天をガツンと殴られたようで、衝撃的である。もはや「生きていてゴメンナサイ」というほかはないのかも知れない。

人は生きたいと願ったからといって生きられるものではない、また、死にたいと思っても死ねるわけでもない。いずれ死ぬことを覚悟してはいても、「殺すぞ」と言われれば、「助けてくれ」と懇願するだろう。

何億分の一かで生まれてくるという奇跡に近いこの命である。その命を大切にして、何か人さまのお役に立てることでもあれば、それをやり遂げたい。そして、少しでも善く生きたいと願うだけである。

思えば、なぜか私の入院は決まって一月から二月にかけての寒い季節であった。そして、妻は、しばしば小雪の舞う中、ほぼ毎日片道二時間近くをかけて病院に私を見舞ってくれた。「もう大丈夫だから来なくていいよ」と言いながら、そこには待ち続けている自分がいた。毎度のことながら、妻は黙って私の愚痴を聞き、励ましの言葉をかけて夕暮れ近くに帰ってゆく。そんな彼女に感謝する意味でも、たとえ「自業自得の透析患者は殺せ」と言われても、私は今しばらく生きなければならないと思う。

【障害者差別を考える】

二〇一六年七月に神奈川県相模原市で起きた「津久井やまゆり園事件」は、十九人の障害者の命を次々に奪い、そのうえ入所者・職員二十四人に傷害を負わせるという何ともむごたらしい事件であった。戦後最悪の事件だと言ってもいいのかも知れない。思い出すたびにキューンと胸がしめつけられるような息苦しさを覚える。

この事件の判決は、二〇二〇年三月に横浜地方裁判所で言い渡され、植松聖被告に死刑の判決が下された。被告が控訴を取り下げたために、死刑判決がこれで確定することになったのだが、これで一件落着というわけにはゆかないだろう。なぜなら、この裁判によって事件の真相が明らかとなったとは言い難いからである。つまり、今や死刑囚となってしまった彼が、以前、知的障害者福祉施設「やまゆり園」の職員として、障害者と寄り添って仕事をしていながら、「重度障害者は必要ない。障害は不幸をつくることしかできない。保護者の同意を得て、安楽死させるべきだ」とまで言い切る、その差別意識は何処からどうして生まれたものなのか、その根源がわからないのである。

彼は拘留中、ある新聞記者との接見に応じて、「命を無条件で救うことが人の幸せを増やすこととは考えられない」と言い、重度・重複障害者殺害を正当化する考えを示した。そのうえで「自分はおおまかに『おカネと時間』こそが幸せだと考えている。重度・重複障害者を育てることは莫大なおカネ・時間を失うことにつながる」と主張している。

また、後日の接見では、「自分に責任能力はある」と述べる一方で、「死刑判決の可能性が高い」との記者から指摘に対しては、「自分が殺したのは人間ではないから、殺害行為の正当性を主張するつもりだ。個人的には懲役二十年程度が妥当だと思う」と語った。しかし、記者から「刃物で刺す行為は安楽死ではないのではないか」と言われると、「申し訳ない、ほかに方法が見つからなかった」と答えたという。

判決確定後、「死刑は嫌だ」とは言ったというが、ついに「障害者は健常者にとって不幸の原因」「障害者は厄介者」「コミュニケーションが不可能であれば人間ではない」などという彼の思想にいささかの変化も見られず、障害者の殺傷についてのお詫びや反省の言葉は発せられないままであった。

この恐るべき犯罪を憎む気持はみんな同じであろうが、これを特異な考えを持つ人間が引き起こした特異な事件として片づけてしまっていいものなのだろうか。むしろ現代社会が抱えている問題として捉えてみなければならないのではないか。そして、もしかして我々の中にもあの「ウエマツ」が潜んでいるかも知れないのである。

日本は、「障害者権利条約」を批准し、また国内法として「障害者差別解消法」を制定して、障害を理由とする差別を禁止し、障害のある者もない者もともに生きる社会を目ざすこととしている。

「障害者権利条約」は、二〇〇六年の国連総会で採択され、二〇〇八年に発効した。日本は二〇〇七年に署名、二〇一四年に効力が発生している。

その第二条では、「障害に基づく差別」について、「障害に基づくあらゆる区別、排除又は制限であって、政治的、経済的、社会的、文化的、市民的その他のあらゆる分野において、他の者との平等を基礎として全ての人権及び基本的自由を認識し、享有し、又は行使することを害し、又は妨げる目的又は効果を有するものをいう」としている。

文部科学省のホームページでは、同条約第二十四条にある「インクルーシブ教育システム（署名時の仮訳「包容する教育制度」）について解説している。それによると、このカタカナ英語の「インクルーシブ教育」とは、「人間の多様性の尊重等の強化、障害者が精神的及び身体的な能力等を可能な最大限度まで発達させ、自由な社会に効果的に参加することを可能とするとの目的の下、障害のある者と障害のない者が共に学ぶ仕組みであり、障害のある者が教育制度一般から排除されないこと、自己の生活する地域において初等中等教育の機会が与えられること、個人に必要な『合理的配慮』が提供される等が必要とされている」という説明になっている。

しかし、現実はどうなのだろうか。障害のある者もない者も共に学び、共に育ち、共に暮らす「共生社会」の実現は、未だ彼方のものではなかろうか。つまり、現代の経済至上主義と表裏をなすものとして、生産性のない者は人間失格であるかの如き発想がまだまだ罷り通っていて、それが障害者への差別を助長し、共に生きる社会の実現を妨げているのだ。

わが国には「障害者の雇用の促進等に関する法律」というものもある。それは文字通り、障害者の雇用義務、障害のある者とない者との均等待遇、障害者の能力が発揮できるようにするための措置等々について規定すると共に、国及び地方公共団体は、率先して障害者を雇用し、さらに民間の事業主やその他国民一般にも障害者雇用についての理解を深める責務を負うとの規定もそこには盛り込まれている。

にもかかわらず、二〇一八年、中央省庁及び地方自治体等の公共機関において、障害者に該当しない者を不正に障害者と偽って雇用し、障害者の雇用率を水増ししてきた事実が発覚し、国民を驚かせた。ちなみに、行政機関の障害者雇用率は二・四九パーセントと発表されていたのだったが、実際の雇用率は、民間企業に課された一・五パーセントを下回る一・一九パーセントだったというのだから呆れるばかりである。

また、教育の現場でも、表向きには「インクルーシブ教育」を唱えながらも、障害児が普通学校、普通学級への入学を希望しても容易に叶えられず、特別支援学校・特別支援学級への就学を押し付けられてしまうという事例が、全国には未だ数多くみられるという。

そこでは「障害児が普通学校、普通学級に入れば、いじめにあったりするから、かわいそうだ」という理由づけがまことしやかになされたりしているようだ。だが、もしも障害児がいじめられるとしたら、その友達も教師も真正面からそれに向き合い、いじめ問題の解決をはかることこそが教育の役割だと思う。もちろん、言うは易し行うは難しで、しんどい仕事であるにはちがいないが、やはり可能性を信じてチャレンジすべきことではないだろうか。

また、「障害の程度、特性にあった専門的な教育が必要だ」とし、特別支援学校・学級への就学を勧める人たちもいる。もちろん、それを完全否定しようとは思わない。ただ、障害者差別をなくし共生社会を作りだすには、障害者がどう変わるかということより、彼らを取り巻く人たちがどう変わるのかが問われていることを忘れてはならないだろう。

障害の概念は、機能回復訓練などというような医学的な範疇でのみ捉えればいいというわけではない。障害者が他からどのような扱い受け、どのような生活情況におかれているのかという社会問題としての側面もあるのである。

ともあれ、社会や地域から切り離された空間に、障害児や障害者を閉じ込めてしまうことは、決して障害者問題の解決にはならない。人と人とが物理的に離されてしまうことによって、心の距離も広がってしまうのだ。障害をもつ者も持たない者も共に、地域で育ち、学び、生きることによって、我々自身が「うちなるウエマツ」を克服し、「やまゆり園」のような悲しい事件を再び起こさないことにもつながるのではあるまいか。

【わがうちなる阿Q】

片山智行さんの著書『孔子と魯迅―中国の偉大な教育者―』（筑摩選書）を読む機会があった。

その冒頭にはこう記されている。

「孔子も、魯迅も、生まれた時代こそ異なるが、彼らはともに、人々が人間らしく生きることのできる社会をめざして、それぞれの現実の只中でひたすら努力した。人間性に満ちた社会を実現するためには、人間（中国人）が、それぞれの現実の中で、人間としての『いい加減さ』を克服して、真っ当な人間にならなければならない。孔子と魯迅が一途に訴えているのは、まさにそのことなのである。

また、「孔子は二五〇〇年も前に、人間としての『いい加減』さの対極にある仁の大切さを説いていた。孔子の説く仁は、誠実と思いやりの精神を基礎としている。したがって、仁は、ごまかしをしたり、他人の悲劇を冷淡に見物する、人間としての『いい加減』さの克服をめざす点においては、魯迅の主張と異なるところはない」とも述べている。

若かった頃の私には、その魯迅（一八八一〜一九三六年）に傾倒し、彼の作品を片っ端から読んだ時代があった。大学の卒業論文のテーマも魯迅だったし、長男の名前も魯迅の本名「周樹人」から頂いた。

さて、魯迅は、文学者であると同時に、その生涯を通じて一歩も退くことなく中国旧社会の病弊と闘い続けたいわば戦士でもあった。彼が生まれたのは清朝末期で、当時の中国人（漢民族）は異民族（満州族）の支配下にあった。加えて、アヘン戦争後は帝国主義列強の侵略を受け、過酷な情況におかれ、人々の暮らしは困難を極めていた。そうした情況下で、魯迅は厳しい現実と対決しつつ、中国の民衆がどうすれば人間らしく生きられるのかを追求し続けたのである。彼は、自分たちの生活を破壊する圧制者と戦って打ち勝ち、人間らしく生きるためには、まずもって中国の民衆が旧来もっている「いい加減」さを克服しなければならないと考えた。そして、そのために、魯迅は、「いい加減」に生きる民衆に対して時に冗談や皮肉を交えながら、痛烈な批判を展開したのだった。

そうした彼の中国の旧社会批判の総括として書かれたとされる作品が、『阿Q正伝』という小説である。

主人公の阿Qは、村の地蔵堂に暮らす一人のしがない日雇い人夫であった。村中の者からすっかりバカにされているのだったが、彼は人からどんなに蔑まされようとも、自分がつまらない人間だとは思わない。自分では内心、逆に村の者たちを軽蔑したつもりになった。人から殴られても、自分が弱いとは思わない。殴られても殴られても「子どもに負けてやるのさ」と自らに言い聞かせて、優越感に浸るのだった。「ニセ毛唐」からステッキでこっぴどくやっつけられたときにも、尼さんを相手に悪態をついたり、頬をつねったりして勝利感を覚えるといった具合なのだ。高い自尊心の持ち主だと言えないこともないが、どちらかと言えば、自分の置かれた状況を冷静かつ的確に把握するのではなく、自分が相手より優位だという理由を何処からか探しあててきて、終始自己欺瞞によって満足する。また、上からの圧迫に抵抗することもなく、自分の仲間や自分より弱い者にそれを転嫁してしまう一種の「奴隷根性」の持ち主なのだと言うことができる。彼が自分で思い考えたことを滅多に口にすることはない。口に出した時は失敗する。なりゆきで盗みを働いたり、革命も革命党のことも何も分ってはいないくせに、得かなと思うと、革命も悪くないぞと、そちらへ走ってしまう。そして、ついには略奪犯にでっち上げられ、処刑されてしまうのである。銃殺を前に市中を引き回されながら、彼は周りの人たちの喝采を浴びようと、何を歌おうかと思いを巡らせつつ死んでゆくのだった。

こうした阿Qの生き方を「精神的勝利法」と評する人もいるが、作家の小田嶽夫さんは、この阿Qについて、かつて「自大にして事大、反省心も無ければ意志も無く、ただ因襲的慣例と目前の利益に左右される甚だしく貧しい、頽廃的民族性を象徴した一つの人格」だとし、おそらく魯迅は、阿Qを「中国人の代名詞」として、「中国四千年の伝統がつくり上げた一個の悲しむべき性格」として描き上げたのではないかと指摘している（『魯迅の生涯』鎌倉文庫）。

ユーモアめいたものの中にもある種哀しさの漂う『阿Q正伝』を読みながら、私は、現代にもまた自分自身の中にも、この「阿Q」が存在しているのではないかと思うのだった。

「上を見るより下みて暮らしゃ、花も実もあるトコトン人生、泣くも笑うも身のさだめ……」と随分昔に歌いふるされた歌がある。こんな歌が今更口ずさまれることもあるまいが、現代人に心の中にいわば諦観の思想としてなおそれが息づいているような気がする。自分より下等の者を意識することによって、何がどう変わるというわけでもないのに、当然そこに「花も実も」あろうはずがないにもかかわらず、また、自分が他人よりも優れているとする根拠など何処を探しても見つかりはしないというのに、私を含めて多くの人たちがそこに安住の地を求めてしまっているのである。いわば現代の「阿Q」たちは、この上なく勤勉でありながらも報われない日々の暮らしの中で、いつしか諦めの中に身を沈め、己をないがしろにしてきた者に抗する意欲を失い、反逆の歌を忘れてしまうのだ。しかも、それだけでは終わらない。この諦めの意識は、必然的に人間の同じ人間に対する差別をうみだし、数々の悲劇を再生産していく。諦めてばかりいてはフラストレーションがたまってしまう。そこで、いじめてもよさそうな相手を見つけ出しては攻撃し、憂さ晴らしをしようというのだ。自分より強い相手には口をつぐむけれども、いじめてもよさそうな人たちをターゲットにして、彼らを徹底的に叩くのである。障害者問題しかり、被差別部落の問題しかり、韓国・朝鮮人に対するヘイトスピーチもまた然りであろう。

さて、魯迅は、阿Qの不幸、悲惨さの上っ面だけをなでて、単にそれをそれとして書き記しているわけではない。彼は、『阿Q正伝の成因』の中で「もし中国が革命しないならば、『阿Q』もしない。革命したとすれば『阿Q』もする」と語っているように、阿Qに象徴される民衆の抱えた問題を中国全体の問題状況の中に位置づけ、中国社会全体を変革しなければ、民衆の意識を変えることもできないと考えていたのである。

つまり、我々の中に巣食う様々な差別的意識だけが突如として変革を遂げるわけではない。その背後には立憲主義の形骸化があり、弱者を切り捨て、少数意見を抹殺する強権政治があり、モラルの欠落した経済効率第一主義がある。そうした日本社会全体の在りようが同時に問われているのである。

「上をみるより下見て暮らす」という言葉の裏返しかもしれないが、「みんな、みんな私が悪いのよ」というのがある。そのいわば自己否定が、我々の出発点なのかも知れないが、むしろ「こんな女に誰がした」と外に向かって開き直ってみることも、時として必要なのではあるまいか。

「権力による民衆支配の論理は、被支配者を分断し、分断されたもの同士の不和、争い、競争を再生産しつづけることを鉄則としている……」（斉藤次郎著『疑似への挑戦』三一新書）といわれる。とくと覚えておきたい言葉である。

【倅の新たな挑戦】

またまた、私事になってしまうのだが、このほど長男の樹人が「ＮＰＯ法人・平和の種」を立ち上げ、廃校になった小さな小学校の校舎を借り受けて、障害者の生活介護・就労支援のための施設「ハミングバード」をオープンした。親からすれば、「平和の種」ではなく、「心配の種」と言いたいところだが、それはともかくとして、施設は四つのコーナーなら成る。その一つは、ラボラトリー『！？（いーきゅー）』、施設利用者の自由な発想やインスピレーションを表現できる実験室であり、研究所なのだという。そして、ここで生まれたアイディアや作品は、二つ目のコーナーのショップ『ｔｅ・ｔｅ（てて）』で商品として販売されてゆくことになる。次のコーナーはファーム『喜雨《きう》』、ここでは施設利用者が植物の栽培・管理・収穫などをサポートスタッフと一緒に担当し、みんなが関わることのできる「農」を目ざすのだという。そして、四つ目のコーナーは、キッチン『幸せおひさまカフェ』である。ここは、施設利用者が、接客・調理・片づけなどカフェ業務全般をサポートスタッフと共に担当する。できるだけ環境に配慮して育てられた食材や伝統製法の調味料にこだわったカフェである。

そして、「《地域》と共に、《違い》と共に、《想い》と共に《できる》を楽しむ」を「ハミングバード・フィロソフィー」として、掲げる。

ハミングバードとは、「ハチドリ」の英語名であるが、文化人類学者の辻真一さんの監修になる『ハチドリのひとしずくーいま、私にできることー』（光文社）という絵本に、このハチドリの話が紹介されている。南米アンデス地方の先住民の間に伝わる話だという。

それは、こんな短い物語である。

森が燃えていました
森の生き物たちは　われ先にと逃げていきました
でもクリキンディという名のハチドリだけは　行ったり来たり
口ばしで水のしずくを一滴ずつ運んでは　火の上に落していきます
動物たちはそれを見て
「そんなことをしていったい何になるんだ」と笑います

クリキンディはこう答えました

「私は、私にできることをしているだけ」

倅は、きっとこの小さなハチドリの大きな勇気にあやかろうと、自ら立ちあげた施設を「ハミングバード」と呼ぶことにしたのであろう。

彼にとって「障害者福祉」の仕事ははじめてではない。いくつかの施設を転々としながら、悩み、迷った挙句に漸くたどり着いたのが、この「ハミングバード」だったわけである。思えば、あれこれと寄り道をし、遠回りをしての道程だったのかも知れない。

彼は、大学生の頃から、よく放浪の旅にでた。旅費の工面ができて、暇を見つけるとリュックサックを背負って出かけてゆくのである。中国、韓国、インド、ネパール、タイ、フィリピン、カンボジア、アイルランド、スペイン、オランダ、……まだまだあるだろう。時に、一か月近くも連絡が途絶えたり、二か月以上も帰国しなかったりで、母親を随分と心配させることもあった。タイを旅行した折には、食あたりに苦しめられ、帰国してすぐに病院に駆け込んだのだったが、医者がずっとタイ国を魚の鯛と勘違いしていたことが後になってわかり、大笑いしたこともある。

倅は、外国の各地を貧乏旅行しながら、そこで何を見、何を感じ、何を学んだのか。土産話を聞くには聞いたが、サハラ砂漠からみた星空がきれいだったという話だけが妙に印象に残っているだけで、ほかはあまり覚えていない。ただ、親馬鹿ながら、きっと旅の中でその後の生き方の根本にかかわるような何かをつかんで帰ってきたのだと思っている。あるいは、インドのガンジス河の畔で、社会的な弱者に寄り添って生きようというきっかけをつかんでいたのかも知れない。

そんな中、一九九五年一月に、阪神淡路大震災が起こった。インド・ネパールの旅から帰国して間がなかった倅は、今度は神戸へ被災者支援のボランティアに出かけてゆく。そして、二か月間、米軍が提供したテントで寝起きしながら支援活動を続けた。

「被災地の給水班にて奉仕する甥は逞し髭のばしおり」とは、義姉が、その折にたまたまテレビに映し出された倅の姿を観て詠んだ短歌である（『平成万葉集』より）。

つづく翌九六年の夏のことだった。大分県宇佐で障害者施設を運営する私の知人が、しばらく施設を留守にしなければならなくなり、その間に施設で預かっている脳性麻痺の青年の面倒を見てくれる人を探していた。断られるだろうと思いつつ倅に声をかけてみると、二つ返事で承知してくれ、それからほぼ四〇日間、宇佐の施設に泊まり込むこととなる。

青年は「シュウちゃん」といったが、自分で身の回りのことを処理することがかなわず、トイレでは便座に腰かけているシュウちゃんを一時間近くも介助するのだという。

初めての経験なのでうまくやっていけるだろうか、心配になって夜中に妻と二人で、宇佐までクルマを走らせたこともあった。施設の外から窓ガラス越しに、ソッと倅の仕事ぶりを覗いてみる。同い年だということもあってか、二人はすっかりうちとけている様子が感じられて、ホッと安堵の胸をなでおろすのだった。

また、それと前後して、夏休みに、障害のある子どもたちを対象にした「生活学校」が保護者や教員の有志の手で企画された時も、何度か倅を誘って私もその手伝いをさせてもらったりしたが、こうしたところから、次第に障害者との物理的距離も心の距離も縮まっていったような気がする。そして、彼は、三年間続けてきた教員の仕事を棒に振り、障害者福祉の道を選択することにしたのである。

ただ、自分の未熟さもさることながら、現実は彼にとって失望の連続であったようだ。頑固さは親譲りであるが、それゆえに躓くのかも知れなかった。

しかし、諦めや無力感に心を支配されていたところで何も始まらない。どんな困難な中にいても、人にはできることがきっとあるはずである。他人を非難したり、怒りや憎しみに身を任せる暇があったら、自分にできることを淡々とやっていくしかないと彼は感じてきたのではなかったか。そして、それが、「NPO法人・平和の種」の設立、「ハミングバード」の開設につながったのだと思う。むろん、これまでに多くの素敵な出会いがあり、出会った人たちの物心両面での温かい応援があったからこそ、また素晴しいスタッフに恵まれたからこそ、ここにたどり着けたのである。そのことを決して忘れてはなるまい。

これからも、彼は「ハチドリのひとしずく」のような徒労にも似た営みを続けることになるのだろう。そこで肝心なのは、互いに多様性を認め合いつつ、支え合い分かち合って共に生きるという理念を自らの施設の中で実現するだけではなく、それを一つの運動としてとらえ、地域社会へも広げていく努力を怠ってはならないということではあるまいか。

Ⅲ　民信無くば立たず

ことばの大切さを想う

19 子曰く、巧言令色《こうげんれいしょく》、鮮《すくな》いかな仁（巧言令色、鮮し仁）。

子曰、巧言令色、鮮矣仁。

——学而篇——

「巧言」とは「飾りたてた言葉、猫なで声」ということ、「令色」とは「うわべばかりの媚びへつらう表情、顔つき」ということである。また『論語』の中に数えきれないほどに出てくる「仁」とは、孔子が最高の徳目と位置づけたもので、私は「他人を思いやり慈しむ心」だと解釈する。

『論語』は、社会的人間としての個人の在り方や国家の政治にかかわる道徳思想を主な内容としているということができるが、その中心をなしている主張は、「忠（まごころ・いつわりのないこと・私心のないこと）」に基く人間愛としての「仁」の強調にあるとされている。そして、ここでは、孔子は、上手に飾った言葉をしきりに口にする人や、うわべばかりの恰好をつけた表情を見せる人には気をつけよう、そこにはほんとうの思いやりの心が欠けている、言葉や表情の底にある温かいハートこそが大切だということを言おうとしたのであろう。

ちなみに『論語』には、「巧言、徳を乱す」（衛霊公篇）という言葉もある。また、中国の春秋戦国時代の書物である『韓非子』には「巧詐《こうさ》は拙誠《せっせい》に如かず（巧みに人を欺くより、たとえまずくとも真心のある方がいい）」とも記されている。

20 子曰く、君子は其の言の其の行《こう》に過ぐるを恥ず

子曰、君子恥其言之過其行也

―憲問篇―

君子という者にとって、自分の口にする言葉が、自分の行動以上に大袈裟になってしまうことは恥である、そう孔子は言うのである。

先ず実践があって、それに裏づけられた言葉こそ、重みをもつということができるのだ

ろう。言葉ばかりが行き過ぎてしまって実行が伴わないのであれば、それは言葉を大事にしていることにはならないのである。

21 子曰く、君子は言《げん》に訥《とつ》にして、行《こう》に敏《びん》ならんことを欲す。

子曰、君子欲訥於言、而敏於行。

―里仁篇―

君子は、言葉が下手でうまく説明ができなくても構わない。思いやりの気持をこめて、すばやく行動することが大切だという意味である。

【言い損ない、やり直しきかず】

人間は言葉を使う動物である。

むろん、人間以外の動物たちも意思疎通の手段をもっているであろうから、言葉を使う動物は人間だけだというのはいささか傲慢なのかも知れない。ただ、言葉を多様に使いこなす発達した脳の持ち主が人間であるという言い方はできるであろう。そして、人間は一人では生きられないがゆえに、多様な言葉を使うことによって、道徳や法律など様々な世界を創りだし、言葉の世界を信じ、言葉で世界を評価し、言葉によって社会生活を営んできた。だから言葉は大切なのである。言葉によって人を傷つけ、命を奪うことすらある。言葉の使い方こそが良心だと言っていい。

さて、言葉の問題にかかわってあれこれと考えをめぐらすとき、私はしばしば亡母のことを思い出す。

一九九七年に八十七歳で逝った妻の母だが、この私にも実の子同様の愛情を注いでくれた今なお懐かしさの募る人である。晩年、入院生活は随分長きにわたったが、常に死支度を怠らず、彼女の言葉を借りれば「アミダサマに手をひかれて」安らかに旅立っていった。母の若い頃は弟や妹の面倒をみるのが日課で、とうとう女学校には行かせてもらえなかったというから、学校教育を受ける機会には恵まれなかったと言えるが、私には彼女が歩いてきたそれまでの人生から滲み出る味わい深い言葉をあれこれと投げかけてくれた。

その母の生前の口癖は「着物の裁ち損ないと言い損ないはやり直しがきかない」だった。自分の発した心ない言葉が他人を傷つけてしまうかも知れないことを気づかっての母の生活信条である。つまり、人と語るに際しては言葉を慎め、言葉を大切に選べというのだ。

人は、売り言葉に買い言葉、時の感情に任せて、つい言い過ぎてしまったり、言い損なってしまったりしがちであり、そこには当然心にもない「巧言」も含まれているだろう。

私はこれまで努めてその母のいいつけを守ろうとしてきた。ただ高飛車に権力を振り回す者に対しては罵詈雑言を浴びせてしまったこともあり、母の言いつけを守り通せたという自信はないが、それでも少なくとも夫婦喧嘩で妻に捨て台詞を投げつけたことはなかったし、かつて職場の若い同僚の一人に「気配りおじさん」と呼ばれたこともあり、妻に限らず人への言葉の使い方にはそれなりの気くばりをしてきたように思う。勿論、このことは相手がどう受け止めたのかが問題であり、まずは女房殿に確かめてみなければなるまい。

【政治家たちの舌禍を憂う】

孔子や孟子の教えをどのように解釈するのか、その解釈の仕方によって儒教はいくつかの学派に分かれる。南宋の朱熹にはじまる「朱子学」があり、王陽明によって確立された「陽明学」があり、日本で独自に展開された「古学」がある。そして、古学派の中に荻生徂徠が登場してからは、「古文辞学派」と呼ばれ、儒教を所謂「道徳」というよりは「経世済民の学」すなわち一種の政治学の原典としてとらえる傾向があったと言われている。従って、『論語』もまた、政治の在り方やその政治に携わる者のあるべき姿勢を問い続けた政治学の入門書だと受けとめることができる。

孔子は自らも仕官を果たそうとしたたし、弟子たちもまたゆくゆくは立派な政治家（官吏）に育て上げたいと望んでもいた。したがって、『論語』は人としての在り方のみならず、政治に携わる者としてのあるべきモラルについて繰り返し触れているのである。

すなわち、他者への思いやりの心を持てと「仁」を説き、その仁を態度で示せと「礼」を説き、仁を実際の行動に移せと「恕」を説き、孔子は戦乱の世にあって、「仁」「礼」「恕」の思想による徳治政治を目ざしたのであった。

その孔子がもしも現代にタイムスリップして、近頃の政治家たちの発言を耳にしたとしたら、きっと呆れはててしまうに違いない。二五〇〇年たっても、人間はなかなか進歩しないものらしい。

最近、官僚たちも含めていわゆる政治に携わる人たちの暴言や失言、巧言はとみにひどくなり、何とも聞くに堪えないものがある。

あるとき、政権の中枢にいて、いつも舌禍事件を起こしては国民のヒンシュクをかっている政治家が、同じ派閥の議員の新大臣への就任を祝う会に出席し、その席上で柄にもなく謎かけをやってみせた。「○○さんと掛けて何と解く」「北海道の釧路と解く」「その心は湿原（失言）が多い」と言ったのだという。会場は笑いに包まれたというが、まさに「目クソ、鼻クソを笑う」の類であり、不快でさえある。もともと彼の言動には、他を思いやる心など微塵も感じられない。だから余計に憤りをおぼえてしまう。

また、「説明責任を果たす」というのも、政治の場でしばしば耳にする言葉だ。しかし、結局のところ説明責任を十分に果たしたといえる政治家に未だ出会ったことはない。国会などでは嘘で塗り固めた弁明を繰り返す。そして、弁明を繰り返せば繰り返すほどに本音が透けて見えてくる。まさしく、そこには「虚言」「詭弁」「責任逃れ」の三拍子がそろっているのである。

民主政治とは全くもって無縁であり、国民の政治への不信は募るばかり。しかも、その果てに生じた国民の政治的無関心をいいことに、政治家たちはそこに胡坐をかいて権力を濫用するのである。わが国の民主主義は危機的であり、「夜がまた来る」とでも言いたくなるような何とも不安な時代になってしまった。

『論語』には、また、「子曰く、辞は達するのみ」（衛霊公篇）との言葉もある。すなわち、言葉というものは、相手にその意味を十分に伝えるようにすることが大切であるという意味である。

自分の気持ちや考えを正しくわかりやすく、しかも思いを込めて、美しく人に伝えるために、優れた言葉をたくさん身につけたいし、また、それが実践に裏付けられたものでなければならないと改めて思うところである。

むろん、「筆舌に尽くし難し」ということばもあるように、言葉は不完全である。自分の想いを言葉であますところなく完璧に相手に伝えることは至難の業だ。ただ、不完全とはいえ、そこに誤魔化しがあってはなるまい。

現実には軍備を拡大し戦争の準備をエスカレートさせていると言わざるをえないのに、それを「積極的平和主義」と言い、平和憲法を大きく逸脱して法律を制定しても、内閣法制局に憲法解釈を変更させ、「平和安全法制」だと言ってはばからない。また、他国への武器輸出の禁止を大原則としていたのに、それを解禁すべく「武器輸出三原則」と言わずに「防衛装備移転三原則」と言い換えてしまう。さらには、「敵基地攻撃能力の保有」を企図しながら、「相手領域内でミサイルを阻止する能力」との表現で国民の目をそらそうとする。そして、「敗戦」を「終戦」と言い続ける。そんな風にうわべだけを取り繕うのではなく、軍備強化によって平和を守るのか、非武装中立・外交によって平和を維持するのか、真正面から議論してみればいいと思う。ガラスばりの議論を通じて国民の多くが納得する道を選べばいいのである。言葉を弄んで、何かを誤魔化そうとするやり方は厳に慎むべきだ。

ところで、言葉の問題にかかわって、近頃、いささか気になることがある。

二〇二〇年、新型コロナ・ウイルスなるものが猛威をふるい、いつ収束するとも知れず、多くの人々に感染して世界中を震撼させているが、ウイルスの感染情況やその対策に関わって、日々やたらとカタカナ英語が氾濫して、人々を戸惑わせている。

集団感染を「クラスター」といい、爆発的に感染が拡大することを「オーバーシュート」といい（サッカーかと思ってしまった）、感染拡大を制御できず、国境を越えて地球上の人類すべてに感染の可能性があることを「パンデミック」といい、都市封鎖を「ロックダウン」、科学的根拠を「エビデンス」という。「東京アラート」と言うに至っては何が何だかわからない。

滅多に耳にすることのない意味不明の横文字を並べて見せることによって、英語に堪能な自分をアピールしたいのか、はたまた問題の本質をはぐらかそうとしているのか、首をかしげたくなってしまう。「東京五輪」の二〇二〇年開催に固執して、新型ウイルスによる感染防止対策を怠ってきたのだったが、五輪の延期が決まった途端に、カタカナ英語を並べたてて「大変だ、大変だ」と多弁になって危機を煽る。確かにカタカナ英語で表現した方が相手に想いが伝わりやすいという場合もあるであろうが、一般に耳慣れない言葉を濫用するところに誤魔化しはないのかと問いたい気がする。コロナウイルスへの初期対応を誤ってしまったことを真摯に総括しながら、国民を納得させるにたる方針を示すべきなのではなかろうか。

とかく政治家の演説には、「空前絶後の」経済対策などと、やたらと形容詞が多いが、内容に乏しい。また、官僚の作文の棒読みだったりして、そこには我々の心に響くものが何もない。血が通っていないように感じられるのだ。『論語』の言葉を借りれば、そこには「仁」が欠落しているということになるのだろう。まさしく「巧言令色、鮮し仁」である。

ちなみに、「人は考えることが少なければ少ないほど余計に喋る」という箴言もある。肝に銘じておきたいものだ。

22

子曰く、大なるかな、尭《ぎょう》の君たるや。巍巍《ぎぎ》として、唯《ただ》天を大なりと為す。唯尭これに則《のっと》る。蕩蕩《とうとう》として民能《よ》く名づくるなし。巍巍としてそれ成功あり。煥《かん》としてそれ文章あり。

子曰、大哉、堯之爲君也、巍巍乎唯天爲大、唯堯則之、蕩蕩乎民無能名焉、巍巍乎其有成功也、煥乎其有文章。

―泰伯篇―

これは、「偉大なものだな、尭の君主ぶりは堂々としている。本来、偉大なのは天だけであるが、尭はその天の徳を手本にして行動している。その道は広々としていて、民衆も何と形容すればいいのか言葉に苦しむほどだ。堂々として手柄をおさめ、華やかな文化をつくりあげたのである」という解釈になる。

23

子曰く、巍巍たるかな。舜《しゅん》・禹《う》の天下を有《たも》てるや。而《しこう》して与《あずか》らず。

子曰、巍巍乎、舜禹之有天下也、而不與焉。

—泰伯篇—

これは「舜と禹という王は何と堂々として偉大な統治者であったことだろう。天下を望みのままにできる権力をもちながら、有能な部下に仕事を任せたのだ」という意味である。

【堯舜禹による徳治政治】

いずれも、孔子が中国古代の伝説上の王である尭・舜・禹を讃えた言葉である。彼らは徳をもって理想的な政治を行い、後世の模範になったのだという。

ここで注目すべきは、尭も、それに続く舜も、さらに続いた禹も、自らを「神格化」したり、「武力」を用いたりして強圧的な政治を行うのではなく、「徳」を以て天下を治めたと語り継がれていることである。おそらく民衆は、無理やりにではなく、ごく自然に納得づくで彼らによる統治を受け入れたのではなかったか。それこそが肝心な問題である。

人類の歴史をふりかえってみると、実に多くの国々で、神をひき合いに出して、神の名において政治権力を正当化したり、まるで国家が暴力装置であるかのように、力による政治が行われたりしてきた。

日本も例外ではない。哲学者の梅原猛さんは、そもそも日本の神道は素朴な自然崇拝の民族宗教であったが、歴史上、二度にわたって国家主義化されてきたと述べている。一度目は、『古事記』『日本書紀』の「天孫降臨の神話」にみられる通り、最高神として天照大神を登場させ、大和王権をそのアマテラスに連なる者として神格化し、権力を正当化した。二度目は、一八六八年(明治元年)、神仏分離令を出して神道を国教化し、併せて天皇を現人神と崇めることによって政教一致をはかり、近代国家の仲間入りを果たそうとした。そしてそれ以降、国民から自由を奪い、力によって支配し、軍国主義への道を歩むことになるのである。

そもそもわれらの神は唯一ではない。八百万千万《やおよろずちよろず》の神々である。しかも「なにごとのおわしますかは知らねどもかたじけなさに涙こぼるる」という西行の歌にあるように、姿の見えない「隠身《かくりみ》」であった。そして、日頃は空の彼方、海の彼方、山の彼方にいて、人々の願いや求めに応じて瞬時に無限の距離を飛んで、巨石や巨木、御幣や鏡など依り代(憑依)となるものに降臨した。山や海のみならず、坂や川などあちこちに神々は宿った。人々は、その神々を超人的な威力をもつものとして畏怖したが、古代の神への信仰は実に飾り気がない。真水のようにすっきりとしていて平明である。教義などはなく、ただその一角を清らかにしておけば、すでにそこに「神はおわす」と考えられたのである。

しかし、明治維新以降、第二次世界大戦が終わるまでの「国家神道」となると、そうはゆかない。古来の神道との落差は驚くほどに大きい。真水どころか、多くの血が流されることになったのである。

そんな政治、あるいはそんな政治と宗教の結びつきは決して遠い過去のことではない。今もなお世界のあちこちで続いている。

そうした中で、尭や舜や禹を讃えながら、あくまでも「徳治政治」を求め続けてやまなかった孔子の姿勢を、たんなる理想論だと片づけてしまっていいはずはない。

【価値観のずれ】

ここで、『教育勅語』について少し触れておきたいと思う。

というのは、『教育勅語』は結局のところ『論語』みたいなものじゃないかと言ったり、そう思い込んだりしている人たちがいるからである。

確かに、『教育勅語』は漢文調で書かれているし、また、『論語』に出てくるような単語が数多く使われたりしてもいる。また、そこに儒教の影響がないとは言い切れないだろう。しかし、『論語』と『教育勅語』の双方を比較してみると、その中身はかなり違うと言わざるを得ない。

『教育勅語』は、「朕惟《ちんおも》フニ我カ皇祖皇宗國ヲ肇《はじ》ムルコト宏遠ニシテ徳ヲ樹《た》ツルコト深厚ナリ我カ臣民克《よ》ク忠ニ克ク孝ニ億兆《おくちょう》心ヲ一ニシテ世世《よよ》厥《そ》ノ美ヲ濟《な》セルハ此レ我カ國體ノ精華ニシテ教育ノ淵源《えんげん》亦實ニ此ニ存ス……」という書き出しではじまっている。

これを分かりやすく表現すると、「これから天皇自らが自分の考えを述べるのでよく聞いて下さい。この国は立派で素晴しい徳の持ち主であったわが天皇家の祖先がつくったものです。そして君たち国民はその天皇家の臣下（家来）ということになります。これまで永い間、君たち国民は全員一致で、臣下としては主君に忠誠を尽くし、子どもとしては親に孝行をしてきました。その歴史こそ、この国の根本であり素晴しいことなので、教育の原点もそこに置かなければなりません」ということになるだろう。

そして、『教育勅語』でとりわけ問題だとされるのは、

「……一旦緩急アレハ義勇公ニ奉シ以テ天壌無窮《てんじょうむきゅう》ノ皇運ヲ扶翼《ふよく》スヘシ是ノ如キハ獨リ朕カ忠良ノ臣民タルノミナラス又以テ爾《なんじ》祖先ノ遺風ヲ顯彰スルニ足ラン……」という箇所である。

それは、「国にいったん何かが起こったら、つまり、はっきり言えば、戦争が起こったりしたなら、勇気を持って公のために奉仕して下さい。というより、永遠に続くわが天皇家を護るために戦って下さい。それが正義であり、人としての正しい道というわけです。そのことは、君たち国民が天皇の忠実な臣下であることを証明するだけでなく、君たちの祖先が同じように忠誠を誓ってきたことを讃えることにもなるのです」と解釈することができる。

さて、勅語は、次のような文章をもって終わっている。

「斯ノ道ハ實ニ我カ皇祖皇宗ノ遺訓ニシテ子孫臣民ノ倶ニ遵守スヘキ所ノ古今ニ通シテ謬《あやま》ラス之ヲ中外ニ施シテ悖《もと》ラス朕爾臣民ト倶ニ拳拳服膺《けんけんふくよう》シテ咸其徳ヲ一ニセンコトヲ庶幾《こいねが》フ」と。

難解な漢字が多く、おまけに句読点や濁点がないので、読むのが厄介であるが、要するに、「勅語でいままで述べてきたことは、天皇家の偉大な祖先が残してくれた素晴しい教訓であり、その子孫である天皇としての自分も君たち臣民も、共に守っていかなければならないことであり、あらゆる時代を通じ、また世界中のどこででも通用する、絶対間違いのない『真理』なのです。ですから、そのことを決して忘れず、みんな心を一つにして、それを実践していくことを心から願っています」ということになる。

この『教育勅語』は、一八九〇年（明治二十三年）に「明治天皇が我等臣民のしたがひ守るべき道徳の大綱をお示しになるために下し賜はったもの」（尋常小学校修身書）であるが、敗戦後の一九四八年（昭和二十三年）に国会で無効決議がなされ、各学校に配布されていた勅語の謄本はすべて回収されることになった。

にもかかわらず、今になってそれを再評価しようとする政治家がいたり、園児にそれを朗読させる幼稚園があったりする。だが、この『教育勅語』は、「日本は神国である」「天皇は現人神である」という考え方を基にして、教育論というよりも、まったくの上から目線で「忠君愛国」の思想を説いたものにほかならない。

では、そもそも「忠君愛国」とは何なのか、

一九三七年（昭和十二年）に文部省が示した「国体の本義」には、こう書かれている。

「忠は、天皇を中心として奉り、天皇に絶対随順する道である。絶対随順は、我を捨て

私を去り、ひたすら天皇に奉仕することである。この忠の道を行ずることが我等国民の唯一生きる道であり、あらゆる力の源泉である」と。これを今更再評価をしようとなどというのは、なかなか受け入れがたい。時代錯誤も甚だしいと言わなければなるまい。

一方、その勅語と同じようなものだとされる『論語』はどうなのか。

孔子は決して主君に絶対服従的に仕えようとはしてはいない。自分の主張を認め、その自分を召し抱えてくれる主君を求めていただけである。彼は、魯国の政治に失望して故国を出国した後、仕えるべき主君を次々に探し求めている。何が何でも一つの国、一人の王に盲目的に忠義を尽くすべしとは言っていない。むしろ、自分の生き方、自分の命を大切にせよと説いているのである。先に引用した「死を守りて道を善くす」という言葉の解釈はいろいろであるが、多くは「死に至るまで道を行う」と訳している。死ぬべき時に死ぬのはやむをえないが、そうでない時に死を選ぶ必要はないとも受け止めることができるだろう。

孔子の考える君臣関係は、社会は個人の自由な契約によって成立すべきだというジャンジャック・ルソーの「社会契約論」的な要素を含んでいるように感じられる。つまり、「絶対服従」を要求する封建道徳とは明確に異なったものと言うことができる。

我が国の戦前戦中において、いや、もっと遡れば江戸の昔から、儒教の徳目は、権力者にとって好都合な目上の者を敬うというタテ社会の人間関係だけが強調されてきた。忠・孝・節などの徳目を支配者側にとって都合のいいように解釈し、君に、父に、夫に一方的に服従することのみを強い、思いやりの精神「仁」が根本である本来の孔子の教えを歪めて、「絶対服従」を強要する封建道徳に変質させてしまったのである。

したがって、『教育勅語』に示された価値観と『論語』に貫かれているそれとは、似て非なるものであることを念のために付記しておきたい。

星の世界のように調和のとれた政治を夢見て

24 子曰く、政《まつりごと》を為《な》すに徳を以《もっ》てすれば、譬《たと》えば北辰《ほくしん》のその所に居て、衆星《しゅうせい》のこれを共《めぐ》るが如し。

子曰、爲政以德、譬如北辰居其所、而衆星共之。

——為政篇——

政治の根幹は、戦略や駆け引きなどではなく道義である。道義を大切にする徳のある人物が政治を行うのであれば、ちょうど北極星（北辰）が天界の頂点にどっかとすわって、すべての星がその北極星を中心に整然とまわっているように、人々の誰もが慕い集まり、政治もうまく展開していくに相違ないと、孔子が指導者の在るべき姿を説いたものである。

【天界の中心をなす北極星】

孔子が暮らした中国の華北地方は、初夏に短い雨期があるものの、晴天に恵まれる日が多いのだという。

乱世にあって、孔子は、夜、燦然と輝く星空の下で、北極星を中心に整然と運行する星座をある種感動をもって眺めながら、政治のありように思いをはせたのかもしれない。そして、力によって醜い争いを繰り広げるのではなく、道徳をもととした政治を行えば、きっと天上の星の世界のような調和が地上にも実現できるのではないかと考えたのであろう。

政治家とはどうあるべきなのか、それについて、孔子は『論語』の中でしばしば多くを語っている。たとえば、次のようなことばがある。

「子曰く、君子は食に飽くるを求むることなく、居に安きを求むることなし。事に敏にして言に慎み、有道に就きて正す。学を好むと謂うべきなり」と。

つまり、立派な人格をそなえ社会的に高い地位にある者は、食べ物を腹いっぱい食べようとしたり、住居に快適さを求めようとしたりしてはいけない。また、行動はすばやくなくてはならないし、発言は慎重でなければならない。そのうえ、有識者に批判を求めることが大切だ。そんな人がいたら、たとえ書物を読んで勉強していなくても、それだけで学を好むということができるだろうというのである。

現代の政治家たちにとっては、はなはだ耳の痛い言葉ではあるまいか。

彼らにはまるで徳のかけらも感じられないからだ。政治家は自分を特権階級だと錯覚している、政治家によるパワーハラスメントは日常茶飯事である、政治家は平気で嘘をつく、政治家は約束を守らない、政治家は私利私欲に走る、そう国民の多くが思っている。そして、政治不信を募らせていくのである。政治不信が政治的無関心をよび、それがファシズムの土壌となる、我々はそんな歴史的悲劇を二度と繰り返してはならないのである。

【北極星信仰と天皇制】

北極星は北の空にひときわ輝く不動の星である。不動であるが故に戦国時代の中国では、夜間に兵を進めるうえで恰好の目印になったという。

やがて、中国の民間信仰である道教において、それは天界の中心をなすものとして信仰の対象となり、「太一神」とか「天皇大帝」と呼ばれるようになった。仏教に登場する「妙見菩薩」も北極星信仰から生まれたものである。

日本における「天皇」という呼称も、時代は必ずしも定かではないが（七世紀、天武・持統朝の頃か）、中国から北極星信仰が伝わることによって始まったものとされている。それまでは尊称として「大王（大君）」ということばが使われていたというが、その神格化がすすみ、北極星は動かない、大王の地位も不動であるとして、道教に由来した「天皇」という呼び名が用いられることになったのであろう。そして、かつて天皇の代替わりのたびに都が北へと遷されたり、都の真北に皇居が造られたりしたのも、北極星と関わってのことに違いない。ちなみに大相撲の際に天皇を迎える国技館のロイヤルボックスも館内の北側に位置している。

また、干支の「子」は、北の方角を示すとともに、夜十二時および前後約二時間という時刻を指す、さらには年・月・日を表すのにも用いられるが、皇室行事が何かとその「子」にこだわって行われたりするのも、天皇の地位が北極星と同様不動のものであるという発想に基づいていると思われる。

蛇足ながら、我が国の天皇制を考えるために付け加えておきたい。

民信無くば立たず

25

子貢、政治を問う。子曰く、食を足《た》らしめ、兵を足らしめ、民をして信あらしめよ。子貢曰く、必ず已《や》むを得ずして去らば、斯《こ》の三者に於いて何をか先にせん。曰く、兵を去れ。曰く、必ず已《や》むを得ずして去らば、斯の二者に於いて何をか先にせん。曰く、食を去れ。古《いにしえ》より皆死あり、民信無くば立たず。

子貢問政、子曰、足食足兵、使民信之矣、子貢曰、必不得已而去、於斯三者、何先、曰去食、自古皆有死、民無信不立。

―顔淵篇―

これは、孔子と弟子の子貢との間で行われた問答である。

子貢は、孔子より三十一歳若い門人で、文学、弁舌に優れ、また商才もある多芸の人であったという。

その子貢が、政治の在り方について、孔子に問うたのである。

孔子は「食物を充分にして国民を飢えさせないこと、軍備を整えて国民の命を守ること、そして、国民に信頼してもらうこと、それが政治の責任だ」と答えた。

子貢が続けて質問をする、「万一、やむを得ない理由で、この三つのうちどれか一つを省かなければならないとしたら、まず何を省きますか」と。それに対して、孔子は、「まずいらないのは軍備だ」と答えた。

子貢はさらに尋ねる、「万一、やむを得ぬ理由で、この二つのうちどちらか一つを切り捨てるとしたら、どれを先にしますか」と。それに対して、やや意外ではあるが、「食物を省こう。食物がなかったら餓死する人も出てくるかも知れない。しかし、どっちみち、人は誰も死を免れることができないのだから。それよりも政治にとって大事なのは『民衆からの信頼』である。国民に信頼されないようだったら、もう政治ではないし、国家は立ってゆけないのだ」と、孔子は答えたのだった。

【まずいらないのは軍備だ】

「軍備より食糧、食糧より国民の信頼」と孔子は言う。現在の政治家諸氏に聞かせてやりたい言葉である。

戦乱の時代を生き、いつ、いかなる場所で武力による進攻を受けるかも知れない危険と隣り合わせの中で、孔子が「まずいらないのは軍備だ」と言い切ったのは、まさしく勇断だと言えるかも知れない。

それにしても、世界の何処かで、未だに戦争が絶えることはなく、相も変わらず国家間での軍備拡大競争が続いている。

孔子のように「まずいらないのは軍備だ」と言ってのける勇気ある指導者はなかなか出て来ない。相手が武器をもつから自分も持つ、相手がより高性能な武器を開発すれば、我も負けじと新たな武器を作ろうとする。これではきりがない。どうしてそんなに戦争の準備をするのかと聞くと、平和のためだと答える。平和というのは、戦争をしないということではないのだろうか。まったくおかしな話である。

国際社会では、今、イランや北朝鮮に「非核化」を迫っているが、例えばアメリカは、自国が人類を滅亡させてしまうほどの大量の核兵器を保有していながら、他国には持ってはならないと言い、自国以外の国での核開発を許さないとするのはいかにも説得力に欠けているではないか。勿論、アメリカだけではない。中国も、ロシアも、イギリスも、フランスも、インドも、パキスタンも、イスラエルも、同様に核兵器保有国であり、説得力を持たない。現在の核兵器保有国は「正義」で、これから核をもとうとする国は「悪」だということが、どうして言えようか。我々からみれば、いずれの核兵器も人類を滅亡へと導くものであり、一刻も早く廃絶すべきものにほかならない。

こんなときこそ、唯一の戦争被爆国である日本が、ここぞとばかりにしゃしゃり出て、グローバル・プレイヤーとなり、「核兵器廃絶」のための外交的努力をしなければならないと思う。「ノーモア・ヒロシマ」「ノーモア・ナガサキ」と声を大にして主張すればいいのだ。併せて、自戒の念も込めて「ノーモア・フクシマ」とも叫んでほしい。なのに、なぜか及び腰である。いざという時にはアメリカの核の傘の下で自分たちも守ってもらおうなどというイジマシイ魂胆が見え隠れして、情なくなってしまう。アメリカが日本を守ってくれることなど、日本側のひとりよがりの思い込みに過ぎず、まずありはしないだろう。

かくいう日本も今や軍事大国である。新聞報道によれば、「二〇二〇年度の防衛費は過去最大の五兆三千億円」だという。そして、それは実際には六兆円を超えるであろうとの予測もなされている。気の遠くなるような数字だ。ちなみに、一日に百万円ずつ使ったとして、使いこなすのに百万日（約二七四〇年間）もかかるという金額が一兆円である。

それに、「特定秘密保護法」の制定、「武器輸出三原則」の撤廃、解釈改憲による「集団的自衛権の行使」容認、「安保法」の強行採決等々、日本はいつでも「戦争のできる国」になってしまったと言ってもいい。憲法第九条に規定された「戦争の放棄」「戦力の不保持」「交戦権の否認」は、なし崩し的に無視されようとしているのだ。

そんななか、かつて自民党の幹事長で日本遺族会の会長をも務めた古賀誠さんが、『憲法九条は世界遺産』という著書を出版した。彼は、そこで「戦争遺族の支援を受け平和な国づくりが自分の志になった」「最初の立候補の時から、九条護憲を訴えた」「政治の貧困が戦争での大きな犠牲を生んだ」「自衛隊を海外に出す法律には処分覚悟で反対してきた。自分の母も含め、無数の戦争未亡人をつくったこの歴史を二度と繰り返さないためだ」「憲法九条の改正だけは許さない」などと記している。

この戦争と平和の問題を「自衛隊のみなさんご苦労様です」などと、他人事としてとらえている場合ではない。我々も、自分自身の問題として今一度とらえ直してみなければならない。つまり、果たして自分が戦地に赴いて人を殺すことができるのか、我が子を戦場へ送りだし、人を殺してこいと本当に言えるのか、そう問うてみなければならないのだと思う。

さて、二〇二〇年、我々は、新型コロナ・ウイルスの感染が地球的規模で拡大してゆくという未曾有の非常事態で、「勝者なき第三次世界大戦」とまでいわれる歴史的な災禍に遭遇している。七十余年生きてきて、初めての体験である。だが、日本政府のそれへの対応は極めて鈍く、外国のメディアからは「臆病でナメクジのようだ」と揶揄されるほどで、対策の遅れが事態をどんどん深刻化させている。

こうしたとき、コロナ対策のために必要な資金を赤字国債で賄い、借金のツケを次世代にまわすというのではなく、今こそ、「まずいらないのは軍備だ」と言ってみせればいいのにと思うのは、私だけであろうか。

【どうする、信を無くした政治家たち】

さて、「信無くば立たず」とは、政治家が好んでよく使う言葉だ。正確に言えば、「民信無くば立たず」ということになるのだが……。

この言葉がとりわけお好きで、それを連発したのが、長期にわたって政権の座にあった安倍晋三氏である。育休で注目を集めたある国会議員が不倫問題で世間を騒がせた時も、東京都知事が政治資金問題で公私混同の批判を浴びて辞任に追い込まれた時も、はたまた消費税引き上げを延期せざるを得なくなった時も、この「信無くば立たず」という言葉を用いて、国会での質問に答え、「国民の信頼と協力なくして政治は成り立たない。国民の信頼の上に政治活動があり、政策実行も国民の信頼が基礎である」という意味のことを繰り返し述べている。

まったくもって仰せの通りなのであるが、果たして彼は心底そのように考えて、自らをも律しつつ、政権を担ってきたのであろうか。はなはだ疑問である。自分に厳しく、他人には寛容であるべきだというが、その逆が世の常で、とかく政治家は、わが身に火の粉が降りかかりそうになると、「熱火子に払う」の言葉の通り、最愛の我が子の方へ火を払って逃れようとするかのように、俄かに危機を回避すべく極端な利己心に走ってしまう。そして、「信無くば立たず」の政治信条をかなぐり捨ててしまうのである。そんな彼らには、『論語』の「衛霊公篇」にある次の言葉を贈りたい気がする。

「子曰く、躬《み》自ら厚くして、薄く人を責むるときは、則ち怨み遠ざかる」

これは、もし自分には厳しく、他人を咎めるときには穏やかにということができれば、人々からますます信頼され、怨まれるようなことはありませんよという意味である。また、「里仁篇」には「利によりて行えば、怨み多し」ともある。確かに国民の期待に添い得なかった政権ではあったが、ことあるごとに他を攻撃し、自らを正当化するのではなしに、しっかり孔子の言葉を受け止めてほしいものである。

最近の国政選挙をみると、投票率が五〇パーセントを下回ることも珍しくない。つまり、有権者の半数以上が、選挙に参加していないことになる。これは、国民の政治に対する不信感の表れ以外のなにものでもあるまい。

おまけに、選挙制度は、「小選挙区制」で、一つの選挙区につき一名のみの当選者を選ぶという仕組みになっている。この制度のもとでは、僅差で当選者が決まることもあれば、落選した候補者が二名以上いれば、その得票数の合計が当選者のそれを上回るということもしばしばであり、多くの「死票」が発生することになる。そして、第一党の得票率は四割台なのに、その獲得議席数は七～八割という、まるでイカサマ博奕のような得票率と議席率の乖離という問題も生じてくる。

それればかりではない。政権政党内部にあっては権力が一局に集中し、選挙で党公認の候補者となるために、権力者の意向に逆らえなくなり、イエス・マンばかりが権力者の周りを固めて側近政治がまかり通ることになってゆく。当然のことながら、政党内では沈黙が支配し、互いの活発な議論も姿を消すことになる。そして、国会議員にとどまらず、「全体の奉仕者」たるべき官僚までもが、権力者に人事権を握られて、彼らの意向を「忖度」した言動をとることになってしまった。こうして、悲しいかな、権力は限りなく腐敗してゆくのだ。

なお、各メディアが行う「世論調査」の結果にもまた注目する必要がある。

むろん、世論調査は流動的であるし、調査方法にも問題点があるだろう。また、近年はメディア自体が権力にすり寄って行き、媚びへつらっているようにも感じられ、権力の提灯持ちの役割を買って出るメディアすらあるほどで、権力の脛の傷にはできるだけ触らぬようにしている印象を受けるので、あまりあてにはならない。

だが、それでも、最近の傾向として、政権政党はもとより野党各党も含めて、政党の支持者よりも「支持政党なし」と答える人の方が多いということ、また内閣不支持率が内閣支持率を上回ることもしばしば、さらには現内閣を支持すると答えた人の中にも「ほかに適当な人がいないから」という消極的な支持が結構な数に上っているということなど、大変大きな問題だと言わなければならない。

こうした日本政治の現状が、果たして民主主義と呼べるのかどうか、ことここに至ってもまだ「民信無くば立たず」と胸を張って言えるのかどうか、真剣に考えるべき時を迎えている。国民をあまりナメてはいけない。すでに国民の信頼をなくしてしまっているのだから、とっくに政治の舞台から降りていなければならなかったのではあるまいか。

ただ、いつまでも政治家への悪口を重ねているだけでは何も変わらない。日本の政治を正すのは、まぎれもなく主権者である我々自身でなければならないのである。

そこで、私は非力ではあるが、仲間たちと計って、孔子のいう「民信無くば立たず」の現代版である『日本国憲法』をもう一度読み返し、その成立の背後で展開された歴史などについて学習してみることにした。

ここでも、ふつつかながらこの私が講師を引き受けることになる。というのは、高校教員時代に『政治・経済』の授業を担当したことがあるからである。また、私には、一九七〇年代、「日本列島改造論」が声高に叫ばれ、わが故郷にも巨大工業開発の波が押し寄せようとしていた時、その魁となるであろう火力発電所の建設に反対する運動に参加し、その折に日本国憲法を少しばかり学習した経験があったからでもある。

七〇年代のはじめ、日本は経済が高度成長を遂げる一方で、「公害列島」と呼ばれるほどに環境破壊が深刻であった。環境はいったん破壊されてしまうと容易にもとには戻せない。公害は事前に予防しなければ、とりかえしのつかないことになってしまう、我々はそう考えていた。そして、我々の火電反対運動は、憲法第十三条の「幸福追求権」と第二十五条の「生存権」とを拠り所にした「環境権」という新たな権利を掲げての「火力発電所建設差し止め訴訟」として展開していくことになる。「環境権」というのは、当時、大阪弁護士会が提唱した権利であるが、しかし、実際にそれで裁判を闘うということになると、支援してくれる弁護士（訴訟代理人）は皆無であり、やむなく我々は、裁判にはド素人の原告七名で、暗中模索の裁判闘争を闘うことになるのであった。全国で初めての環境権裁判で、画期的だと拍手を送ってくれる人もいるにはいたが、少数派の運動に終始する。原告団のリーダーだった作家の松下竜一さんは、「一寸の虫にも五分の魂」ではなく「五分の虫にも一寸の魂」なのだと言って、我らの心意気を示してくれたりもしたが、所詮大きな象の脚に小さな蟻が喰らいついたようなもので、一審、二審、そして最高裁ともに、いずれも門前払いといっていいほどの判決が出され、完敗であった。しかしながら、その間に学ばせてもらったこと、経験したことは、私自身にとって大きな意味をもっており、今なお自分の生き方の原点になっているような気がしている。我々が提起した公害反対運動には様々な圧力がかけられたり、脅迫状が舞い込んだり、仲間が逮捕勾留されるということもあったりしたが、決して「渡たる世間は鬼ばかり」ではなく、時として「渡る世間に鬼はなし」という場面もあって、大いに励まされ、勇気づけられることもあったのである。

それはさておき、仲間たちと思い立った憲法を学ぶ講座は、「一〇〇円玉豊前塾」と名づけられ、二〇一八年五月から月一回、第二土曜日午後の開催で、一年間十二回にわたって続けられた。毎回三十名余の人たちが、会場費と資料代のために一〇〇円玉を持参して集まり、憲法を読みながら、互いに意見交換をしてきたのだったが、決して過大に評価することはできないものの、ここからもう一度日本の政治のありようを見直し、我々が何を為すべきなのかを考えてみるのも大事なことではないかと思うところである。

なお、「一〇〇円玉豊前塾」は憲法学習をひとまず終えたが、私の我儘なテーマに付き合ってもらいながら、今なお続いている。

ちなみに、二〇一九年二月一五日付の毎日新聞の「余録」に、以下のような記事が掲載されていたので、ここで紹介しておきたい。

「多数決でものごとを決める民主主義だから、こんな皮肉をいう人もいる。『民主主義とは、半分以上の人が半分以上の時間は正しいはずだと無理やり信じ込むこと』。米作家E・B・ホワイトの言葉という。だから、『最大多数の最大幸福』を追求しがちな民主主義の難所は、いつも少数者の権利を守れるかという点にある。たとえどんな多数の支持を背負った民主主義権力でも、侵してはならぬ一線を定めているのが憲法ということになる。……」と。

孟子

儒教と言えば、人は「孔孟の教え」という。つまり、孔子に次ぐ重要な人物として孟子が登場する。

そこで、しばし『論語』を離れて、孟子について考えてみることにした。

【その生涯】

孟子は、紀元前三七二年から二八九年、中国の戦国時代を生きた儒家である。姓は孟、名は軻。鄒（現在の山東省）に生まれた。両親は孟子の誕生をことのほか喜び、とりわけ母親の熱心な教育のもとで、孟子は幼年時代を過ごしたという。その頃の「孟母三遷《さんせん》の教え」や「孟母断機《だんき》の教え」といった伝説は有名である。

「孟母三遷の教え」とは、孟子と母親が墓場の近くに住んでいた時のこと、孟子が毎日葬式のまねごとばかりをするので、町中へ転居した。ところが、今度は商売人のまねをしはじめたので、学校の近くに引っ越すことになる。すると、孟子は学生たちの真似をして、礼儀正しくなり、書物を読みはじめた。母親は、孟子を育てるにはここがいちばんふさわしいとして定住を決めたというのである。

「孟母三機の教え」とは、孟子が遊学の途中で学問を投げ出して帰ってきた時、母はちょうど機織りをしていたが、織りかけの布を刀で断ち切って、「学問を中途でやめるのは、これと同じことだ」と孟子を戒めたという言い伝えである。

孟子は、二〇歳の折、魯国に遊学。孔子の孫である子思の門人の教えを受けた。三〇歳の時、斉の国に往き、学者たちの集まりの中に入って様々な学問を身に着けたという。そして、五〇歳を過ぎた頃から、政治の表舞台に登場するようになり、各地を周遊して、梁の恵王や斉の宣王、さらには滕《とう》の文公などに「王道政治」の大切さを説いた。

しかしながら、孟子の主張は、当時の諸侯たちには容易に受け入れられず、結局、鄒に帰郷することとなった。帰国してからの孟子は、弟子たちの教育にその晩年をささげたとされている。

【王道政治の提唱】

孟子の思想の基礎となったのが、「性善説」と呼ばれる理想主義的な考え方である。彼は、人間にはもともと他人の不幸を見過ごしにはできない「不忍人之心（人に忍びざるの心）」があるから、生まれながら人の性質は善であると考えた。たとえば、赤ん坊が井戸に落ちそうになるところを見て、人はハッと驚き、助けようとする。これを「惻隠（他人の不幸を憐れむ）」の心だとし、「仁」の端だとした。同じように、「羞悪（悪事を恥じ憎む）」の心は「義」の端、「是非（善悪を判断する）」の心は「智」の端であるとした（「端」とは糸口・萌芽という意味）。そして、仁・義・礼・智という四つの徳は、性善説の根拠となる心だと説いたのである。

ちなみに、これに対して、荀子は「性悪説」を唱えた。ただ、人間の本性が悪だというわけではなく、人間は環境や欲望によって、悪に走りやすい傾向があると指摘し、教育次第で善に矯正することができるし、いかなる悪もその人の努力次第で正すことが可能だというものであった。

さて、孟子は、政治の場においても、自らが掲げた性善説を実践しようと奮闘した。つまり、世の中の安定のためには人の心の安定が必要だと考え、武力や策略による「覇道政治」ではなく、仁・義の徳に基く「王道政治」を実現しようとしたのである。

彼の弟子たちによって、その言論や活動を記した書である『孟子』の「公孫丑省句《こうそんちゅう》」には、次のように記されている。

「孟子曰く、力を以て仁に仮《か》る者は、覇《は》たり、覇は必ず大国を有《たも》つ。徳を以て仁を行ふ者は王たり、王は大を待たず。……力を以て人を服する者は、心服に非ざるなり。力贍《た》らざればなり。徳を以て人を服する者は、中心悦びて誠に服するなり。七十子の孔子に服するが如きなり。……」と。

すなわち、孟子は、兵力などの力をもって天下を取り、世を救わんと見せかける者を覇者という。覇者は必ずといっていいほど大国をもって威圧する。徳を以て民を安んじ、世を救おうと実践する者を王という。王となれば、大国である必要はない。……力を以て人を服従させたとしても、それは心服ではなく、力が足りないが故にやむをえず従っているだけのことである。徳を以て人を服するに至れば、人は心底喜んで従うのである。たとえて言うなら、孔子につき従った七十人の弟子のようなものである、と言っているのである。そして、孟子は、その王道政治を行うための具体な政策として、民衆に一定の職業や収入（恒産）を与えて生活を安定させ、安らかな心（恒心）を持たせようとした。また、理想的な土地分配法として「井田法」を実施することや、学校教育を整備することを提唱したのだった。

こうした民衆優先の考え方は、『孟子』のあちこちに記されているところであるが、しかしながら、富国強兵を求める戦国時代の指導者たちにこれらの主張が受け入れられることはなかった。そして、むしろ危険思想とさえみなされるのであった。

【討幕運動にみる孟子の哲学】

わが国江戸時代にあって、儒学の主流は、中国南宋の朱熹によって大成された朱子学であった。そして、その中心を担った林羅山は、天は高く地は低いというのが自然の法則であり、人倫の道もこの法則に従って決定されるべきだと説き、武士の優位と封建的な上下の身分秩序の正当化をはかったのであった。その幕藩体制合理化の理論の故に、朱子学は徳川幕府によって特別の保護を受け、官学として君臨することになるのだが、そうした御用学問の独善に抗して登場したのが、陽明学であり古学である。

なかでも古学は、我が国において独自に展開されたもので、朱熹など中国宋代の儒教解釈をとらず、直接孔子や孟子の原点に立ち返って、その真の精神を明らかにしようとするものであった。そして、古学派のなかに荻生徂徠が登場してからは「古文辞学派」と呼ばれるようになり、孔孟の古典は、道徳の書というより「経世済民（世を治め民を救う）の学」即ち一種の政治学の原典と考えられるようになった。

ところで、『孟子』の「尽心《じんしん》章句」に、

「民を貴しと為し、社稷《しゃしょく》これに次ぎ、君を軽ろしと為す……」という言葉がある。聞きなれない「社稷」とは、もともと土地の神、穀物の神を指すが、ひいては国家そのものを意味しているとされている。

つまり、ここにみる孟子の言葉は、民は国家よりも大切であり、また、国家は君主よりも大切であるという意味である。言い換えれば、最初に民があり、民があって国家があり、ついで君主があるという、所謂「民本思想」だということになるだろう。

また、「万章《ばんしょう》章句」では、

「君に大過有れば則ち諫む。之を反覆して聴かざれば、則ち去る」

とも述べている。

孟子は、国の統治者は民を安んずるという天命を果たし、民の信頼を得て政治を行っている限りにおいて、為政者としての資格をもつが、もし民の信頼をなくし、為政者としての資格を失えば、天は命を改める。すなわち為政者は交替させられるべきだと考えたのである。孟子は「革命」と言う言葉は用いてはいないが、「天命」という言葉をもって革命を語っているように受け止められる。つまり、仁を損ない、義を破った不徳の君主は討つべしという中国の革命思想の源泉とされる「放伐論」を彼は認めたのであった。当時として、随分と思い切った主張だと言えよう。

そこには、十七世紀末に活躍したイギリスの思想家、ジョン・ロックの「抵抗権（革命権）」の思想を彷彿とさせるものがある。ロックは、人々は生まれながらに持っている自然権（生命・自由・財産の保障）を守るために社会契約を結んで国家をつくったが、もしその国家が人として生きるための権利を不当に侵害するようであれば、それに抵抗する権利をもつとしたのであった。

さて、孟子に話を戻すと、彼の人民主義的で反体制的ともいえる主張は、言うまでもなく中国のみならず日本においても、権力者たちから危険思想とみなされて忌避されてきた。しかし、そうした中にあって、日本における儒学の一派、「古文辞学派」の儒者たちは、この放伐論を評価、肯定したのであった。むろん当初、彼らにとって、徳川幕府を否定するなど思いもよらなかったであろうが、やがてそれは、新時代の到来を待望する幕末の若き志士たちの尊王攘夷・討幕運動を支える恰好の革命理論になってゆくのである。

江戸中期、甲斐国の出身で山県大弐という古文辞学派の儒者がいた。彼は江戸八丁堀に私塾「柳荘」を開き、儒学や兵学を講じていたが、『柳子新論』なる著書を著し、その中で、「士農工商は階級ではなく、職務上の分担に過ぎない」として人間尊重を唱えた。また、武家が政治権力を握ること自体よくないと考え、鎌倉以来の幕府体制を「軍事政権」だとして否定し、そのうえで、倒幕の根拠を「放伐論」に求めた。そして、幕藩体制に変わるべき政治形態として、封建割拠ではなく、天皇の下に全国民的統一があった古代王朝を理想化して、文人優位の王道政治を主張したのである。なぜ、天皇政治をよしとするのか、彼はその理由付けを神話や民族信仰に求めるのではなく、合理的な政治理論として展開しているのが大変興味深いところである。

彼は一七六七年に謀反の罪で幕府に捕えられ処刑されてしまうことになるが（明和事

件)、彼の思想には、孟子の哲学が色濃く反映されていたとみることができる。

かの吉田松陰もまた、野山獄に囚われの身であった時も、松下村塾を主宰して若者たちに学びの場を提供していた折も、「今日の読書こそ真の学問である」として、よく『孟子』を読んだという。そして、その松下村塾からは、やがて明治維新革命を先導する若者たちが巣立っていくことになるのであるが、ただ松陰自身、必ずしも当初から徳川幕府を打倒すべしと考えているわけではなかった。どちらかと言えば、彼は諫幕論者すなわち「公武合体論者」であったといわれている。公家(朝廷)と武家(幕府)とが提携することにより政局の安定をはかり、欧米列強の外圧をはねのけようと主張する者の一人だったのである。

しかし、やがて彼は討幕論者へと変身を遂げてゆく。そして、さらに「草莽崛起《そうもうくっき》」を唱えるに至るのである。「草莽」とは『孟子』のなかにでてくる言葉で、「草むらの中に隠れている隠者』の意味であるが、松陰が最初にこの言葉を使った。彼が草莽と呼んだのは、ほかならぬ在野の人、つまり一般庶民、大衆であった。そして、その草莽が一斉に決起することによってこそ、時局を打開し社会変革を成就することができると考えたのである。

松陰はいう、「今の幕府も諸侯も酔人なれば扶持の術無し、草莽崛起を望むほか頼なし」と。

また、「ついに諸侯恃《たの》むに足らず、公卿恃むに足らず、草莽志士の糾合いよいよ義挙の他にはとても策これ無き候」とも言い、ついには「政府（藩当局）を相手にしたが一生の誤りなり。この後はきっと草莽を相手とする」「草莽崛起、畏れながら天朝も、幕府も、藩も要らぬ」とまで言い切るのである。そこには、かつて熟読したという『孟子』の思想が息づいていたことは言うまでもあるまい。

さて、松陰が公武合体論者から討幕論者へ、そして草莽崛起論者へと、大きく思想転換を遂げるに至ったのは、何故なのか、そのきっかけは様々であろうが、少なくとも二人の人物が彼に思想的影響を与えてきたと思われる。その一人は、周防国（山口県柳井市）の浄土真宗の僧・月性である。

月性は、一八三一年、十五歳の時、豊前国（福岡県豊前市）の私塾「蔵春園」に学んだ。五年余を豊前の地で過ごして後、彼は諸国を遍歴、多くの志士たちと交流する中で、長州藩でもっとも早く急進的な討幕論を唱え、世間の注目を浴びることになる。各地で法話の名のもとに徳川幕藩体制批判を展開する一方、藩主毛利敬親に対して「藩政改革意見書」を提出して討幕の必要性を説いたり、『仏法護国論』を著して「海防問題」の重要性を説いたりもした。吉田松陰は、当初こうした月性の尊王攘夷・討幕論に懐疑的であったというが、一八五五年、彼が野山獄に囚われの身であった頃から、月性との間で頻繁に書簡のやり取りが行われるようになり、次第に月性に傾倒していくことになったという。

ちなみに、月性が入門したという私塾「蔵春園」は、私から数えて五代前の先祖にあたる恒遠醒窓が、一八二四年、二十一歳の時に開設した塾である。醒窓は、十六歳で日田の廣瀬淡窓の「咸宜園」に学んだ古文辞学派の流れを汲む儒者であった。特に学派にこだわっていたわけではないが、「蔵春園」の教育は、政治教育的な色合いが強かったのではないかと思われる。あるいは、月性の討幕論もここでその萌芽をみることになったのかも知れない。

松陰に影響を与えたもう一人の人物は、芸州（広島県）の勤皇僧・宇都宮默霖（王民）である。彼は十七歳の時、時事に感ずるところがあり、とりわけ徳川の政治体制に疑問を抱いて故郷を出奔、各地を歩いて多くの人との邂逅を果たし、十九歳の頃には討幕の意思を固めていたとされる。旅の途中、病のために聾唖者になってしまうのだったが、そうした障害にもめげず、松陰とは同志的な付き合いをし、筆談で天下国家を論じたという。

この默霖もまた、一八五六年六月二十四日、蔵春園を訪れている。危険人物として幕吏に追われながらの六年ぶりの来訪だったという。

さて、周知のとおり、吉田松陰は、「安政の大獄」と呼ばれる大老井伊直弼による空前の大弾圧によって処刑され、一八五八年、二十九歳の若さでその生涯を閉じることになった。しかし、討幕のために草の根の志士たちの横断的結合の必要性を説いた彼の草莽崛起の思想は、高杉晋作、久坂玄瑞、吉田稔麿、前原一誠、伊藤博文、木戸孝允、品川弥二郎、山県有朋ら門人たちに受け継がれ、彼ら若者たちが討幕運動をリードすることによってやがて明治維新を迎えることになるのである。

では、無数の人々の血と汗に支えられて成就した明治維新とは一体何であったのだろうか。全国にわたって武士階級のみならず、民衆をもまきこんでの根本的な社会変革は、我が国の歴史上ほとんど唯一だと言ってもいいであろうが、あの松陰門下の若者たちの世直しの原点がいつしか忘れ去られてしまっていたのではないか、多くの民衆の期待を大きく裏切るものになってしまったのではないか、と思うのである。確かに、他のアジア諸国のように植民地化されることを免れ、不平等条約を押し付けられたとはいえ、民族の独立を何とか確保しえたことの意味は大きい。しかし、徳川幕府にとって代わった明治新政府の政治は、薩摩・長州の出身者でほぼ固められた藩閥政治で、民主政治とはほど遠いものでしかなかったのである。高杉晋作などは「人民安堵」を叫んで、討幕運動に参加したというが、彼によって結成され、新時代への期待を胸に明治維新に大きく貢献したあの奇兵隊ですら、やがて維新政府によって弾圧され解散を余儀なくされ、処刑される者までも出る始末であった。

一八七〇年代から八〇年代にかけて、天賦人権思想を基に自由民権運動が提起され、藩閥専制政治の打破、国会の開設など政府に対して民主的改革を求める運動が展開され、日本にも漸く民主主義が芽生えるかにみえたが、これまた政府の弾圧と懐柔策により衰退してゆくのであった。

そして、やがて日本は脱亜政策に舵を切り、日清・日露戦争に象徴されるように海外侵略の道を歩み始めたのである。

ところで、明治維新革命を中心的に担ったかつての長州藩は、明治以降、初代の伊藤博文から今日にいたるまで、実に多くの宰相を輩出してきた。長州の地にはあるいはそうしたリーダーを育てる土壌があるのかも知れない。ただ、その中には民意を無視し、民主政治の基本である立憲主義をかなぐり捨て、強権的な政治を推し進めて、歴史の歯車を逆回転させ、悪い意味で名を残す人物が少なからずいたことは、何とも悲しいことではあるまいか。蛇足ながら付け加えておきたい。

あとがき

私のほんの思いつきではじまった「論語教室」も、それに付き合ってくれた人たちのおかげで、六十回余を数えることになった。よくもこんなに続いたものだと我ながら驚いてしまう。とは言え、この間、私は『論語』の所どころを自分の好みで引き出してきては、気ままにつまみ食いをしただけだったと言うべきかも知れない。それも、『論語』をしっかり読み込んで、それをちゃんと解釈するというよりも、それに関連した諸々の話に多くの時間を費やしてしまったような気がする。また、時として『論語』からは大きく脱線し、横道に逸れて話を進めてしまったこともあった。

ともあれ、いい出会いがあり、楽しい時間を過ごさせてもらったことは大変有難く、心から感謝をしている次第である。

そこで、誰に頼まれたというわけではないが、「論語教室」でこれまでに喋ってきたことをとりまとめて文章化しておこうと思い立った。

病を得て、自分に残された命の時間がだんだん少なくなってきたことを思えば、おのれの人生を総括する意味も含めて、言いたいことは全部吐き出し、また書き残したいことをすべて文字にしておくこともあながち無意味なことではあるまいと考えたのである。

折からのコロナ禍。不要不急の外出は自粛せよとのお達しである。また、人工透析患者はコロナ・ウイルスに感染しやすく重症化しやすいから気をつけるようにとの医師からのアドバイスも頂いた。それに、私が代表を務める「芸術文化振興協会」が企画したコンサート等の自主文化事業も、「自然と文化財を守る会」の研修旅行や講演会も、はたまた毎年定例で行われるはずの諸々の会議も、そのどれもが中止あるいは延期となり、透析の時間帯を除けば、自由に使える時間はたっぷりある。「論語教室」での講義録をまとめるのは、今をおいてほかにないと思ったのだった。いつになく、日々、机に向かって講義メモとにらめっこをし、それに加筆しながら、四苦八苦して何とか書き上げたのが本書である。拙い文章であることは十分承知しているが、ご一読願ってご批判を頂戴できれば幸いである。

それにしても、『論語』は、二五〇〇年後の今を生きている我々に様々なメッセージを送ってくれているように思う。わけても、現代の政治の貧困さらには政治家たちの劣化を痛感させられるところである。

人は大自然の恩恵を受けながら生かされて生きているが、ひとたびその大自然が猛威をふるうと、その前に人間は極めて非力であることを思い知らされる。ただ、天災は避けることができないにしても、それへの対応を誤れば、天災に人災が加わってしまうことになり、人々はとり返しのつかない惨禍に見舞われることになるのだ。さきの東日本大震災がしかりである。現在、世界を震撼させている新型コロナ・ウイルスの感染拡大もまたしかりである。

国民の想いに真摯に向き合い、国民の信頼を取り戻し、文字通り「仁」の徳をそなえた政治の実現、さらには、人々が互いに支えあい分かちあう世界の実現が待望されるところである。

なお、末筆ながら、この度の小著出版をご快諾頂き、わざわざ豊前の地まで足を運んで下さり、何かと貴重なご指導ご助言を賜った弦書房の小野静男社長に、この場を借りて深甚なる感謝を申し上げる次第である。誠に有難うございました。

二〇二〇年　晩秋　　恒遠俊輔

【主な参考文献】

『世界の名著―孔子・孟子』貝塚茂樹訳　中央公論社
『論語　現代に生きる中国の知恵』貝塚茂樹著　講談社現代新書
『一億三千万人のための論語教室』高橋源一郎著　河出新書
『面白いほどよくわかる論語』石田琢智著　日本文芸社
『心を育てる こども論語塾』安岡定子著　ポプラ社
『親子で楽しむ こども論語塾』三巻　安岡定子著　明治書院
『論語　百章』岩越豊雄著　致知出版社
『未来のための江戸学』田中優子著　小学館一〇一新書
『明治維新の哲学』市井三郎著　講談社現代新書
『孔子と魯迅―中国の偉大な教育者』片山智行著　筑摩書房
『金子みすゞのこころ』矢崎節夫ほか著　佼成出版

〈著者略歴〉

恒遠俊輔（つねとお・としすけ）

＊一九四四年　福岡県豊前市薬師寺に生まれる
＊一九六七年　早稲田大学文学部史学科卒業
＊一九六七〜九三年　福岡県内で高校教諭を勤める
＊一九九三〜二〇一二年　福岡県立求菩提資料館勤務
（一九九九〜二〇一二年まで同館館長）
＊現在、日本山岳修験学会理事、（一社）豊前市芸術文化振興協会理事長、豊前市自然と文化財を守る会会長、豊前市文化財保護審議会会長
＊おもな著書
『幕末の私塾・蔵春園―教育の源流を訪ねて―』葦書房
『天狗たちの森―求菩提山と修験道』葦書房
『修験道文化考―今こそ学びたい共存のための知恵―』花乱社
『福岡県謎解き散歩』（共著）新人物往来社
『福岡県の神社』（共著）海鳥社

仁のこころを論語に聴く

二〇二一年一月三〇日発行

著　者　恒《つね》遠《とお》俊《とし》輔《すけ》
発行者　小野静男
発行所　株式会社　弦書房
（〒810・0041）
福岡市中央区大名二―二―四三
ELK大名ビル三〇一
電　話　〇九二・七二六・九八八五
FAX　〇九二・七二六・九八八六

印刷・製本　アロー印刷株式会社

落丁・乱丁の本はお取り替えします
© Tsunetō Toshisuke 2021
ISBN978-4-86329-217-8 C0095

◆弦書房の本

メタファー思考は科学の母

大嶋仁　「科学」と「文学」の対立を越えて――言語習得以前の思考＝メタファー（隠喩）思考なくして論理も科学も発達しない。メタファー思考と科学的思考をつなぐ〈文学的思考〉の重要性を歴史家や心理学者の視点から多角的に説く。〈四六判・２３２頁〉**１９００円**

明恵《みょうえ》　栂尾高山寺秘話　【上巻】【下巻】

高瀬千図　日本思想史上の巨星・明恵。その全生涯を描く長編歴史小説。鎌倉初期、戦乱と飢餓、疫病が蔓延する中、衆生救済とは何かを命を賭して考え続けた。人の意識の変革と覚醒に働きかけた思想の核心に迫る。〈上＝四六判・４９２頁、下＝四六判・５２０頁〉各**２２００円**

万象の訪れ　わが思索

渡辺京二　半世紀以上におよぶ思索の軌跡。一〇一の短章が導く、考える悦しみとその意味。その思想は何に共鳴したのか、どのように鍛えられたのか。そこに、静かに耳を傾けるとき、思考のヒントが見えてくる。〈Ａ５判・３３６頁〉**２４００円**

長崎蘭学の巨人　志筑忠雄《しづきただお》とその時代

[902116-95-3]　2007.12

松尾龍之介　ケンペルの『鎖国論』を翻訳し〈鎖国〉という語を作った蘭学者・志筑忠雄（１７６０～１８０６）。長崎出島の洋書群の翻訳から宇宙を構想し、〈真空〉〈重力〉〈求心力〉等の訳語を創出、独学で世界を読み解いた鬼才の生涯を描く。〈四六判・２６０頁〉**１９００円**

もうひとつのこの世　石牟礼道子の宇宙

[86329-089-1]　2013.6

渡辺京二　〈石牟礼文学〉の特異な独創性が渡辺京二によって発見されて半世紀。互いに触発される日々の中から生まれた〈石牟礼道子論〉を集成。石牟礼文学の豊かさときわだつ特異性を著者独自の視点から明快に解きあかす。〈四六判・２３２頁〉**【３刷】２２００円**

＊表示価格は税別